KB170394

미래를 향하는 선한 리더십

미래를 향하는 *선한 리더십*

초판 발행| 2018년 9월 20일

지 은 이| 박언휘

펴 낸 이| 이창호
디 자 인| 이보다나
인 쇄 소| 거호 피앤피

펴 낸 곳| 도서출판 북그루
등록번호| 제2018-000217
주   소| 서울특별시 마포구 토정로 253 2층(용강동)
도서문의| 02) 353-9156

ISBN 979-11-964494-0-7 03190

(CIP제어번호 : 2018027063)
이 도서의 국립중앙도서관 출판예정도서목록(CIP)은 서지정보유통지원시스템 홈페이지(http://seoji.
nl.go.kr)와 국가자료공동목록시스템(http://www. nl.go.kr/kolisnet)에서 이용하실 수 있습니다.

* 표지 제목은 포천 막걸리체를 사용하여 디자인 되었습니다.

미래를 향하는

선한
리더십

박언휘 지음

북그루

"모든 문제는 리더십에서 시작된다." 이 말은, 리더십의 중요성을 극명하게 보여주는 것이라 할 수 있다. 개인의 문제에서 비롯하여 가정, 기업, 사회, 국가의 문제에 이르기까지 모든 문제의 중심에는 리더십의 부재가 결정적인 역할을 한다. 만약 어떠한 조직이든 리더십이 부족할 경우에는, 가정은 끊임없이 불화에 시달리며 직원은 승진의 기회조차 갖지 못하고, 상사는 직원들에게 외면당한다. 또 경영자는 기업을 파탄으로 끌고 가며 정치 지도자는 언론의 도마 위에 오를 뿐만 아니라 사회통합을 방해하기까지 한다. 결국 리더십이란 조직의 우두머리 몇몇이 갖춰야 할 덕목이 아니라 현대를 사는 일반 사회인이라면 반드시 지녀야 할 인생철학이자 성공하는 삶의 필수요소가 되었다.

우리는 자기 자신의 의사와는 상관없이 어떠한 사회에 속하며 그렇게 살아가면서 누군가를 만나 영향을 주거나 받는다. 전혀 낯모르는 사람이 아니고서는 항상 서로에게 영향을 주고받으며 살아간다고 봐야 할 것이다.

리더란 자신이 의도하든 아니든 다른 사람에게 영향력을 행사하는 사람이다. 인격이나 실력이 뛰어난, 역량이 높은 사람은 그렇지 못한 사람에게 영향력을 행사하게 된다. 다른 사람에게 영향력을 미치는 과정은 흐르는 물과 같아서 높은 곳에서 낮은 곳으로 흐르지 거꾸로 흐르지는 않는다. 이것은 마치 자연의 법칙과도 닮아 있다. 우리의 주변에는 굳이 어떤 행동을 취하지 않아도 자연스럽게 따르게 되는 사람이 있다. 더 나아가서는 그 사람의 사상까지도 따르고자 하는 경향이 나타나는데, 그런 사람이 바로 리더라고 할 수 있다.

인류의 역사의 공이든, 과이든 대부분은 리더들의 리더십의 유형과 그 특징의 결과라고 해도 과언이 아닐 것이다. 선한 리더를 만나면 백성이 평안한 삶을 살게 되고 악한 리더가 통치하면 백성들은 고통스런 삶을 살아야 한다. 우리는 실제로 리더십에 대한 커다란 영향력 아래 직면해 있다. 그리고 누구든지 리더가 될 수 있는 가능성은 늘 열려 있다. 문제는 리더십이 무엇인가 하는 것에 대한 정의에 있다. 그에 따라 발휘되는 리더십이 엄청나게 다른 결과를 낳기 때문이다.

선한 리더십에서 선한 리더와 구성원과의 관계는 선한 목자와 양들의 비유로도 설명이 가능하다. 목자는 양들에게는 절대적인 리더이다. 양들의 생명과 직결되는 역할을 하는 인물이기 때문이다.

선한 리더십은 두 가지로 특징지을 수 있을 것이다. 한 가지는 위기 시에 자신의 구성원들을 지키는 것, 그리고 평소에 구성원들과 친밀한 관계를 유지하는 것 두 가지이다. 또한 리더십의 역할에서 중요한 요소는 리더가 누구를 위해 존재하는가 하는 것이다. 리더는 구성원을 위해 존재한다. 구성원들이 있기 때문에 리더가 있는 것이지 리더가 있기 때문에 구성원이 있는 것이 아니다. 리더는 언제나 구성원을 위해 존재해야 하는 역할이다.

이러한 존재론적 리더십의 의미는 모든 사회 집단에 적용해야 한다. 국민이 있기 때문에 왕과 대통령이 필요한 것이지 왕 때문에 국민이 존재하는 것은 아니다. 항상 구성원의 유익을 위해 리더가 존재하는 것이지 리더십의 직임을 만족시키기 위해서 구성원들이 존재하는 것이 아니다. 회사는 사장의 이익을 극대화기 위해서 직원들을 종처럼 고용해서 최저 임금을 주고 그들을 통해 자기 자신의 사욕을 채울 수 있는 모임이 아니다. 오히려 직원들의 수고로 사장들과 투자자들이 이익을 받게 되는 것이다. 물론 직원들도 창업자와 투자자들의 수고로 유익을 얻는 것은 사실이다. 그러나 결국에 직원들의 유익을 우선으로 두는 기업이 최고의 수익을 얻게 된다.

선한 리더십은 사회의 모든 분야에서 적용할 수 있고 또 적용해야 한다. 넓게는 국가의 대통령과 정부 가운데, 그리고 사회 곳곳의 리더의 위치에 있는 사람들에게, 회사의 리더의 위치에 있는 사람들에게, 교회의 지도자들에게, 그리고 좁게는 가정의 가장들에게도 적용해야 할 원리이다.

그러한 선한 리더십을 가장 효과적으로 표출하는 방법이 바로 자원봉사이다. 자원봉사자는 인간에 대한 모범답안을 제시하는 사람이 아니라 친구가 되어 함께 새로운 모범답안을 찾는 사람이다. 자원봉사는 단순히 도움을 제공하는 것이 아니라 도움을 제공하는 과정에서 문제를 해결하고 서로 인정하고 존중하는, 바람직한 관계를 형성하는 것이다.

모든 사람은 개인적 존엄성을 추구할 권리가 있다. 자원봉사를 할 때, 자원봉사자는 도움수요자를 현재의 상황, 개인적 습관이나 생활방식에 관계없이 한 사람의 인격체로서 존중해야 한다. 자원봉사자는 눈높이를 같이하는 친구이지 치료자가 아니다.

자원봉사활동의 근본적인 목적은 도움수요자의 삶의 질을 향상시키는 데 있다는 것이다. 자원봉사자의 모든 활동은 도움수요자의 변화를 위한 활동이 되어야 한다.

이 책에는 지난 세월 동안 내가 가졌던 선한 리더십에 대한 신념과 그동안 해왔던 자원봉사에 대한 내용들이 담겨져 있다. 앞으로의 사회에서는 선한 리더십이 더욱 주목을 받게 될 것이며, 그로 인해 자원봉사활동은 너와 나, 모두가 행복한 실천 방안으로 자리 잡을 것이다.

비록 완전한 결정체로서의 선한 리더십과 자원봉사에 대한 담론을 담아내지는 못했지만, 독자들이 미래를 향해 나아가는 한 걸음에 작은 밑거름이 되고 싶다.

박언휘

01

리더십이란 | 리더십의 필요성 | 우리 시대의 자화상

우리 시대의
리더십

리더십이란

요즘 들어 우리 사회에서 가장 자주 언급되는 단어 중 하나는 바로 '리더십'일 것이다. 리더십이란 말은 21세기에 들어오면서 커다란 화두가 되었다. 국가, 인종, 연령을 초월한 모든 사회에서는 분야를 막론하고 리더십에 대한 관심이 날로 높아져 가고 있다. 미국의 한 연구 조사에 의하면 직장인으로서 가장 필요한 부분에 1위를 차지한 분야가 리더십이라고 한다. 우리나라 대학생들도 가장 필요한 것을 리더십이라고 하였다.

이렇듯 리더십은 모든 사회와 조직을 초월하여 모두가 추구하고 있는 필수요소이다. 대부분의 사회와 조직들은 리더십의 경쟁가치를 인정하고 그것을 추구하며 리더십을 자신들의 중요한 자산으로 여기고 역량 강화를 위해 노력하고 있다. 이러한 현상은 일반 대중들에게서도 마찬가지로 나타난다. 일반 대중들 역시도 리더십에 대해 기하급수적인 관심을 가지고 있다. 많은 사람들이 리더십에 관한 책을 사서 읽는가 하면 리더십에 관한 강연을 듣고 리더십 양성 교육을 받는 것에 주저하지 않는다. 그러다 보니 일반 대중들 사이에서는 리더십에 대한 수많은 이론이나 주장들이 난무하고 있는 실정이다. 또한 그에 따라 일반 대중들은 이리저리 현혹되고 있기도 하다. 지금도 많은 사람들은 "훌륭한 리더가 되는 방법은 무엇인가?"에 대한 대답을 찾기 위해 고군분투하고 있다.

요컨대 진정한 리더와 리더십의 정의는 지금도 여전히 우리 사회에서 큰 논쟁거리로 자리 잡고 있다. 그런데 현재의 우리 사회의 실상은 어떠할까? 작게는 가정의 리더십이나 기업, 교육현장에서부터 크게는 국가를 경영하는 국가 지도자의 리더십에 이르기까지 우리 사회 전반은 리더십 부재에 당면해 있다. 그렇다면 우리 사회가 여전히 진정한 리더와 리더십을 찾아야 하는 이유는 어디에 있는가?

그것은 아마도 지금의 우리 사회 속에서는 리더십에 대한 올바른 인식이 여전히 부족하기 때문일 것이다. 또한 리더십이란 저절로 길러지는 것이 아니기에, 그것에 대한 체계적인 교육과 함께 지속적인 훈련이 좀더 필요하기 때문일 것이다. 즉, 리더십이란 단순한 처세술과도 다르며, 임기응변의 기교나 화려한 기술의 테크닉과도 다르다.

"모든 문제는 리더십에서 시작된다." 이 말은, 리더십의 중요성을 극명하게 보여주는 것이라 할 수 있다. 개인의 문제에서 비롯하여 가정, 기업, 사회, 국가의 문제에 이르기까지 모든 문제의 중심에는 리더십의 부재가 결정적인 역할을 한다. 만약 어떠한 조직이든 리더십이 부족할 경우에는, 가정은 끊임없이 불화에 시달리며 직원은 승진의 기회조차 갖지 못하고, 상사는 직원들에게 외면당한다. 또 경영자는 기업을 파탄으로 끌고 가며 정치 지도자는 언론의 도마 위에 오를 뿐만 아니라 사회통합을 방해하기까지 한다. 결국 리더십이란 조직의 우두머리 몇몇이 갖춰야 할 덕목이 아니라 현대를 사는 일반 사회인이라면 반드시 지녀야 할 인생철학이자 성공하는 삶의 필수요소가 되었다.

그런데 요즘 우리 사회는 어떠한가? 다양한 매체를 통해 수많은 사람들이 스스로가 준비된 리더임을 자처하며 홍보하기에 여념이 없다. 그러나 과연 그들이 진정한 리더십과 지도자로서의 자격을 갖추었는지에 대해서는 많은 의구심을 갖지 않을 수 없다. 그 이유는 그동안 진정한 리더로서의 자질과 역할을 보여준 리더가 부족했기 때문일 것이다. 여기서 제시되는 것이 바로 '탁월한 리더의 필요성'이다. 그렇다면 진정한 리더는 어떻게 탄생하며 그의 리더십은 어떻게 현실에 대처해 나갈 수 있는가?

어떤 집단은 아직도 보스(두목) 수준의 리더에게 이끌리고 있는 경우도 많다. 행동과학자 피고스 교수가 리더(LEADER)의 역할을 글자풀이로 설명한 것이 있다. L은 리슨(Listen: 잘 듣는다, 경청한다)의 뜻이고, E는 에듀케이트(Educate: 교육한다) 또는 익스플레인(Explain: 설명한다)의 뜻이다. A는 어시스트(Assist: 돕는다, 원조한다)의 뜻이고 D는 디스커스(Discuss: 토론한다, 상담한다)의 뜻이다. E는 이밸류에이트(Evaluate: 평가

한다)의 뜻이고 R은 리스폰드(Respond: 대답하다 또는 책임을 진다)의 뜻이라는 것이다.

만약 굳이 이 중에서 가장 중요한 것을 손꼽으라고 한다면 당신은 무엇을 꼽을 것인가? 필자는, 그것은 '듣는다'는 항목이라고 생각한다. 리더는 자기가 하는 일의 70-80%를 듣는 일에 할애하라고 한다. 여기서 말하는 '듣는다'는 것은, 다른 사람의 말을 포함해 관련 부문이나 업계의 정보를 듣는 것도 포함된다. '듣는다'는 것은 소통의 기본자세이다. 현대의 열린사회에서는 소통이 중요한 화두로 떠오르고 있다. 소통은 조직이나 사회를 참여와 통합의 길로 이끄는 필수불가결의 중요 요소이다. 따라서 탁월한 리더일수록 이러한 소통의 자세를 지녀야만 한다. 많이 듣는 것을 포함해서 리더(LEADER)의 글자가 갖는 의미를 음미해 보면 시사하는 바가 크다.

그런데 여기에서 우리가 명심해야 할 사항이 있다. 그것은 바로 리더란, 맹목적으로 대중의 의견을 따르고 좇기보다는 그들보다 더 앞서야 한다는 것이다. 단언컨대 리더십은 태어날 때부터 타고나는 것이 아니라, 꾸준히 연마해야 비로소 자신의 것이 될 수 있다.

올바른 리더십은 가정, 기업, 사회, 그리고 나아가 국가를 효율적으로 이끌어가는 데 필수불가결한 첫째 조건이다. 흔히들 많은 사람들은 위대한 인물로 헬렌 켈러를 꼽는다. 그러나 그의 뒤에는 언제나 설리반 선생이 있었다. 설리반 선생의 훌륭한 리더십이 없었다면 헬렌 켈러는 우리의 기억 속에 길이 남지 못했을 것이다.

"좋은 리더는 사람들이 가고 싶어 하는 곳으로 그들을 이끌어 간다. 위대한 리더는 사람들이 절대로 가고 싶어 하지 않지만 꼭 가야하는 곳으로 그들을 이끌어 간다(로살린 카터)."

다른 사람을 긍정적인 방향으로 이끌어 갈 수 있는 사람이 바로 진정한 리더이다. 오로지 혼자서만 다른 사람들의 앞에 서서 달려 나가는 것은 올바른 리더의 모습이 아니다. 다른 사람을 변화시켜 좋은 방향으로 이끌 수 있는 사람이 자신의 인생도 성공으로 이끌어 갈 수 있다는 것을 잊지 말아야 한다. 뛰어난 리더가 되기 위해서는 책임을 다해 일할 뿐만 아니라, 자신의 가치와 열정을 기꺼이 조직이나 사회에 투자할 수 있어야 한다.

일반적으로 많은 사람들이 '리더십이란 사람들의 개인적, 사회적, 전문 직업인으로서의 삶을 개선시키는 방법'이라고 알고 있다. 그래서 기업이나 조직들은 그러한 '리더십'을 갖추고 있는 사람을 찾기 위해 애쓴다. 그들은 탁월한 리더십 능력을 갖춘 사람만이 조직에 큰 이익과 발전을 가져다줄 것이라고 믿고 있다.

이처럼 리더십은 모든 사회와 조직의 전 분야에서 주된 관심의 대상이 되고 있다. 전 세계 연구자들 역시 리더십을 연구대상으로 놓고 많은 연구를 진행하고 있다. 이와 같은 리더십에 관한 연구들을 통해, 우리는 리더십 과정의 복잡성을 설명하기 위한 폭넓고 다양한 접근방법들이 있음을 알 수 있다. 어떤 연구자들은 리더십을 리더의 특성이나 행동으로 개념화하는가 하면, 또 어떤 연구자들은 리더십을 정치적 시각에서 보기도 하고 또는 인본주의적 관점에서 다루기도 한다.

이처럼 리더십 연구는 여러 상황에서 다양한 연구자들에 의해 여러 가지 방법으로 연구되어 오고 있다. 이같이 다양한 상황을 대상으로 다양한 방법에 의해 연구된 리더십 연구결과를 종합해 보면, 리더십이란 일반적으로 알고 있는 단순한 관점보다는 훨씬 더 복잡하고 정교한 과정임을 확인할 수 있다.

본 필자는 리더십을 다수의 복합적인 차원으로 이루어진 하나의 복잡한 과정으로 다루려고 한다. 따라서 앞에서 전개해 온 논의와 같이 '리더십이란 무엇인가'에 대한 대답은 여러 가지 방법으로 찾을 수 있다. 리더십에 대한 정의를 내리는 것은, 민주주의나 사랑, 그리고 평화 등과 같은 추상적인 단어에 대한 정의를 내릴 때와 동일하다고 할 수 있다. 왜냐하면 리더십의 개념을 정의하려고 시도한 사람들의 수만큼 많은 상이한 리더십에 대한 정의가 있기 때문이다.

바스는, 어떤 리더십 정의들이 '리더십의 집단과정'에 초점을 두고 있는 개념이라고 주장하고 있다. 바스의 주장에 따르면, 리더가 집단 변화와 집단 활동의 중심에 위치하게 되고 집단의 의지를 통합하는 지위에 서게 된다.

바스 외에 또 다른 연구자들의 정의들은, 리더십을 성격의 시각에서 개념화하고 있는데, 리더십이란 다른 사람들로 하여금 과업을 완성하려는 노력(행동)을 유발하는 성격특성이나 그 밖의 특성들의 조합이라고 보고 있는 것이다.

또 이와 다른 리더십 정의들은, 리더십을 행위 혹은 행동, 즉 집단 내의 변화를 도모하기 위해 리더가 취하는 행동이라고 정의하고 있다.

그 밖에도 리더십을 리더와 구성원들 간의 권력관계로 보는 리더십 정의도 있다. 이 같은 관점에서 보면 리더는 권력(영향력)을 가지고 그것을 사용하여 다른 사람들의 행동변화에 영향을 미치는 사람이라고 정의 내릴 수 있다.

그리고 또 다른 리더십 정의들은 리더십을 목표달성의 수단으로 보고 리더는 집단성원들을 도와 그들의 목표와 욕구를 성취·충족시키는 사람이라고 정의 내리고 있다. 이 같은 리더십 개념은 비전설정, 역할모델, 개별적인 배려를 통해 구성원들을 변화시키는 리더십 개념을 포괄하는 개념이다.

또한 어떤 연구자들은 리더 역량의 시각에서 리더십을 정의 내릴 것을 주장하고 있다. 그들은 '효과적인 리더십을 가능케 한 것'은 리더역량(지식과 능력)이라는 것을 강조하기도 한다.

위의 개념들을 구체적으로 살펴보면 다음과 같다.

지도자의 성격 특성(personality traits)에 근거를 두고 설명한 연구자는 폴 피고스로, "특정한 성격의 소유자가 공동의 문제를 추구하는 데 있어서 그의 의지, 감정 및 통찰력으로 다른 구성원들을 이끌어

가고 다스리는 능력"을 리더십이라고 설명했다. 킴벨 영은, "타인의 행동을 통제 지휘 및 비판하는 능력"이라고 설명하기도 했다.

집단구성원의 목표와 자발적인 행동을 유도하는 데 리더가 발휘하는 영향력에 중점을 두는 기능이론으로, 알포드와 비틀리는 "기능적 리더십은 집단구성원에게 동기를 부여함으로써 자발적인 행동을 유발시켜 집단목표를 달성할 수 있게 하는 것"이라고 했고, 조지 테리는 "조직의 공동목표 성취를 위하여 스스로 즐겨 행하도록 조직 구성원에게 영향력을 주는 행동"이라고 했다.

리더가 처해 있는 당시의 상황에 주요 변수를 두고 분석하는 것을 상황이론이라고 하는데, 이는 조직의 변화를 가져오는 조직상황에서 리더의 지식과 경험의 현명한 조화로서 이루어진 지식자원을 특수한 상황에 실용적으로 적용하는 것을 의미한다. 즉 이미 주어진 상황에 따라서 리더의 가치가 판단되고 지도자의 행동은 상황과 여건에 의해 결정된다는 것이다.

한편 리더십을 인간관계와 이의 상호작용의 측면에서 접근하는 이론으로는, 스탠필드 사젠트가 "리더십은 집단의 어떤 특정 개인과 조직구성원들과의 사회적 상호작용의 형태이며, 리더와 구성원과의 역할 행동이다."라고 설명했다. 태넨바움은 "어떤 상황 속에서 커뮤니케이션의 과정을 통하여 특정한 목표를 달성하기 위하여 볼 수 있는 대인간(對人間)의 영향"이라고 설명하기도 했다.

위와 같이 리더십을 개념화하는 데는 여러 가지 다양한 정의가 존재한다. 그럼에도 불구하고 리더십 현상에는 그 중심이 되는 몇 가지 구성개념들이 있음을 알 수 있다. 즉, ① 리더십은 과정이다, ② 리더십 과정은 영향을 미치는 과정이다, ③ 리더십은 집단상황에서 일어나는 현상이다, ④ 리더십은 목표달성을 위한 과정이다.

앞에서 살펴본 리더십의 구성개념들을 기초로 하여 리더십을 정의하면 다음과 같다.

"리더십이란 공동목표를 달성하기 위하여 한 개인이 집단의 성원들에게 영향을 미치는 과정이다."

리더십의 필요성

우리는 자기 자신의 의사와는 상관없이 어떠한 사회에 속하며 그렇게 살아가면서 누군가를 만나 영향을 주거나 받는다. 전혀 낯모르는 사람이 아니고서는 항상 서로에게 영향을 주고받으며 살아간다고 봐야 할 것이다.

리더란 자신이 의도하든 아니든 다른 사람에게 영향력을 행사하는 사람이다. 인격이나 실력이 뛰어난, 역량이 높은 사람은 그렇지 못한 사람에게 영향력을 행사하게 된다. 다른 사람에게 영향력을 미치는 과정은 흐르는 물과 같아서 높은 곳에서 낮은 곳으로 흐르지 거꾸로 흐르지는 않는다. 이것은 마치 자연의 법칙과도 닮아 있다. 우리의 주변에는 굳이 어떤 행동을 취하지 않아도 자연스럽게 따르게 되는 사람이 있다. 더 나아가서는 그 사람의 사상까지도 따르고자 하는 경향이 나타나는데, 그런 사람이 바로 리더라고 할 수 있다.

그렇다면 지금 당신은 누구에게서 영향을 받으며 살아가고 있는가? 주위를 한번 돌아보자. 우리는 살면서 친구, 동료, 선후배, 상사 등 많은 사람들과 더불어 살아가고 있다. 그러나 안타깝게도 우리의 주위에서는 훌륭한 멘토를 여간해선 찾아보기 힘들다.

이러한 상황에 대한 원인을 굳이 꼽아 본다면, 기성세대들은 하루하루 밥벌이에 바빠서, 혹은 사회구조가 그러해서 등의 이유로 사회의 멘토로서의 역할을 제대로 해내지 못한 것이 현실이다. 그렇다고 해서 우리가 기성세대들을 대체할 멘토로 책을 선택하여 읽을 만큼 충분한 시간적 여유가 있는 것도 아니다. 안타깝게도 우리 사회에는 사람과 사람이 어우러져 서로 좋은 영향을 주고받을 멘토의 역할이 부족하다.

단언컨대 우리는 '좋은 리더'에게서 '좋은 영향'을 받아야 한다. 가정에서는 부모가 자녀와의 대화 시간을 가질 수도 있고 학교에서 선생님께 지도를 받거나 직장에서 상사에게 도움을 받을 수도 있다. 중요한 것은 누군가에게서 어떤 영향을 받고 있느냐는 한 사람의 인생을 좌우할 수도 있다는 사실이다.

만약 우리의 주위에 훌륭한 멘토로서의 역할을 해줄 사람이 딱히 없다면 우리 스스로가 그러한 사람이 되어 보는 것은 어떨까? 어쩌면 이미 우리는 그러한 사람이 되어 있는지도 모른다. 주위 사람들이 우리에게서 어떠한 영향력을 받고 긍정적인 방향으로 변화하고 있지는 않은가? 만약 그렇다면 우리는 이미 리더라고 할 수 있을 것이다. 우리는 주위 사람들에게 긍정적인 영향력을 행사할 수 있도록 부단한 노력을 기울여야 한다. 리더는 스스로를 변화시키고자 하는 노력, 나아가 다른 사람을 변화시키고자 하는 노력으로 자신을 갈고닦아 나아가는 사람이기 때문이다.

그런데 우리 주변에서는 스스로를 리더라고 자처하는 이들이 있다. 그들 중에는 독불장군처럼 혼자서 앞으로만 나아가는 사람이 종종 있는데, 만약 그렇다면 그는 결코 리더가 될 수 없다. 리더는 절대로 혼자 걷지 않기 때문이다.

다시 한 번 리더십의 개념을 정의해 보자. 이때 반드시 빠지지 않는 요소가 바로 '사람들과 함께'라는 것이다. 결코 리더는 혼자서 잘난 척하며 앞서가는 사람이 아니다. 리더는 언제나 다른 사람들과 함께해야 한다. 그렇다. 자신을 비롯한 다른 사람들과 함께 일을 도모할 수 있다는 것 또한 리더가 지녀야 할 대단한 능력 중에 하나이기 때문이다.

"한 사람이 꾸는 꿈은 단지 꿈이다. 그러나 만 명이 하나의 꿈을 꾸면 그것은 현실이다." 이는 몽골의 위대한 왕 칭기즈 칸이 한 말로, 그는 100-200만에 불과한 인구로 광활한 대륙을 점령하여 호령했던 인물이다.

칭기즈 칸은 인류 역사상 가장 유명한 정복왕 가운데 하나로 손꼽힌다. 그는 여러 개의 유목민 부족들로 분산되어 있던 몽골을 통일하고 황제의 자리에 올라 몽골의 영토를 중국에서 아드리아 해까지 확장시켰다.

이러한 칭기즈 칸은 다면적인 성품을 가지고 있었다고 한다. 그는 뛰어난 체력, 강한 목표의식, 강철 같은 의지를 가지고 있었다. 그러한 그였지만, 그는 결코 자기 고집을 내세우는 사람이 아니었기 때문에 아내들이나 어머니를 포함한 모든 사람의 조언에 귀를 기울였다고 한다.

이뿐만이 아니다. 칭기즈 칸은 평생 자신에게 충성할 사람들을 자신의 주위로 끌어모았다. 연구에 따르면, 그의 추종자들 중에는 동료 유목민뿐만 아니라 정착문화 세계에 사는 문화인들도 있었다고 한다.

더욱이 칭기즈 칸은 변화무쌍한 환경에 대해 재빨리 적응했으며 무엇이건 배울 줄 아는 사람이었다고 한다. 요컨대 그는 다른 사람들과 더불어 함께하는 삶의 의미를 잘 깨우치고 있었던 것이다. 그는 소수의 몽골 인구만으로도 당시 인구 1-2억의 중국을 점령했다. 역사적으로 그가 차지한 영토는 알렉산더, 나폴레옹, 히틀러가 점령했던 영토보다 넓었던 것으로 인정받고 있다. 그는 유목민 부족을 모두 통일했고, 수적 열세에도 불구하고 화레즘 샤나 금 같은 대제국을 정복했다.

칭기즈 칸은 그처럼 대제국을 호령하면서도 자신의 부족들을 피폐하게 만들지 않았다는 점에서 많은 사람들로부터 칭송받는다. 그는 아들인 오고타이를 후계자로 선임하고, 다른 아들들이 오고타이의 말에 따르도록 세심한 배려를 했으며, 오고타이에게 강성한 군대와 국가를 물려주었다. 칭기즈 칸이 죽었을 때, 베이징에서부터 카스피 해에 이르는 광대한 지역이 몽골 제국의 영토로 복속되었고, 그의 부장들은 페르시아와 러시아를 침공했다. 또한 그의 후계자들은 중국, 페르시아, 러시아의 대부분 지역에까지 세력의 판도를 넓혔다. 그들은 칭기즈 칸이 미처 생각지 못했던 그들의 정복지역을 잘 조직된 제국으로 개편하는 일을 실행했다. 칭기즈 칸은 파괴와 약탈을 자행했으나 그가 벌인 정복전은 몽골 제국의 출현을 처음으로 알렸다는 점에서 중요한 의미를 갖는다. 몽골 제국은 중세와 현대를 통틀어 가장 영토가 넓은 제국이었다.

앞에서 살펴본 것과 같이, 칭기즈 칸의 예처럼 함께하는 능력은 삶에 있어 시너지 효과를 생성한다. 시너지 효과를 쉽게 설명하면 다음과 같다. 시너지는 원래 전체적 효과에 기여하는 각 기능의 공동작용·협동을 뜻하는 말로 종합효과, 상승효과라 번역된다. 예를 들어 '1+1=2'라는 수학적 진리가 있다고 한다면, 시너지 효과의 경우에는 '1+1=3'일 수도 있고, '1+1=5'일 수도 있다는 것이다. 즉, 한 사람의 능력에 다른 사람의 능력이 더해질 경우, 수학적인 정답이 나오는 것이 아니라 그 이상의 결과를 가져올 수도 있다는 것이 시너지 효과이다. 이 같은 시너지 효과는 리더가 다른 사람들과 함께할 때 발생한다.

지금의 우리 사회는 아프다. 우리 사회는 과중한 스트레스와 서

열화에 따른 사회 구조가 만연해 사람들의 마음을 아프게 하고 있다. 말하자면 우리의 곁에 있는 사람은 더불어 살아가는 동료이기 이전에 살아남기 위한 경쟁관계에 있는 적인 것이다. 서로의 마음을 나누며 삶의 동반자로서 함께하기 이전에 서로 견제해야 하는 관계가 되어 버린 사실에 우리는 안타까움을 금할 수 없다.

그럼에도 불구하고 우리는 여기서 모든 것을 포기해서는 안 된다. 그러한 상황에 머물러서도 안 된다. 우리가 진정한 리더가 되기를 원한다면 다른 사람들과 더불어 함께하는 법을 배워야 한다. 더나아가 자신의 옆에 있는 사람은 경쟁자가 아닌 삶을 함께 꾸려 나가야 할 동반자로 인식해야 한다. 리더의 삶은 단수가 아닌 복수의 삶이다. 함께하는 삶의 진정한 의미를 깨우칠 때에라야 당신은 진정한 리더가 될 수 있다.

우리 시대의 자화상

서로를 믿지 못하는 사회

우리가 살고 있는 세상은 어떤 세상일까? 우리가 살고 있는 사회를 한마디로 표현한다면, '자신이 살아남기 위해서는 수단과 방법을 가리지 않는 사회'라고 할 수 있을 것이다. 요즘에 인기 있는 TV 드라마나 영화들을 보면 우리 사회의 지독한 면면을 잘 알 수 있다. 다른 사람의 어려움은 신경조차 쓰지 않고 그들의 억울함을 모른 척하며, 나아가 음모에 빠트려 다른 사람을 고통 속에 발버둥 치게 만드는 사람들이 성공하고 득세한다. 자기 자신의 욕망을 채우고 성공하기 위해서라면 수단과 방법을 가리지 않고 권모술수를 부리는 게 지금의 우리 사회이다.

자기 자신의 욕망을 충족시키기 위해 다른 사람을 속임수로 회유하고, 중상모략으로 다른 사람을 억울하게 만드는 사람들이 출세하고 있다. 그들은 자신들의 양심과 행동 등과 관련해서는 옳고 그름을 전혀 생각하지 않는다. 신앙이나 기부 따위들로 겉모습을 적당히 포장하면 언론들이 알아서 그들의 진실을 가리며 위장막을 덮어 주기 때문이다. 진실을 알지 못하는 사람들은 오히려 그런 그들을 동경하고 존경하기까지 한다.

그렇다. 지금의 우리네 사회에선 '억울하면 출세' 해야 한다. 그런데 이 말에는 교묘하게 속임수가 드리워져 있다. 이 말 속에는 '너도 억울하면 수단과 방법을 가리지 말고 출세하라'는 암묵적 암시가 담겨 있는 것이다. 게다가 여기에는 출세해서 더 높은 지위로 올라가기 위해 다른 사람이 올라서 있는 발판을 과감히 걷어차고 그들을 짓밟으라는 암묵적 지시마저 내포되어 있다. 자신만 성공하고 출세하면 다른 사람들이 넘어지고 다치는 것 따위는 아무 상관없다는 것이 그들의 논리이다. 그 과정에서의 수단과 방법의 정당성은 전혀 문제가 되지 않는다. "수단과 방법이 어찌됐든 출세만 하면 그만"이라는 뿌리 깊은 의식이 우리네 사회 전반에 짙게 깔려 있다. 이러한 의식은 비윤리적 행동은 말할 것도 없고 비합법적 방법도 사용하게 만든다. 다만 다른 사람들에게 들키지만 않으면 된다.

자신만 살아남으면 된다는 논리와 그 과정에서 수단과 방법을 가리지 않는 경쟁 방식은 이미 우리 사회 깊은 곳에서 내면화되고 있다. '살아남으려면 어쩔 수 없다'는 것이 그들이 주장하는 변명이다. 오히려 우리 사회에는 자신만 원칙을 지키면 다른 사람들과의 생존 경쟁에서 뒤질 수밖에 없다는 생각들이 팽배해 있다. 원칙이란 어리석고 바보 같은 패배자들의 변명거리에 불과하다. 수단과 방법을 가리지 않고 승리하는 것은 선악의 문제가 아니라 생존의 문제이며 능력의 문제라는 것이 그들의 생각이다.

많은 사람들은 흔히 이런 말을 쉽게 한다. "억울한 일을 당하는 것은 힘이 약하기 때문"이라고 충고한다. 다시 말하면 '억울하면 출세를 하라'는 것이다. 그들의 주장은 어이가 없는 것을 넘어서 황당하기까지 하다. 이 말을 그냥 곧이곧대로 듣고 넘겨서는 안 된다. 그들의 주장에는 출세하기 위해서라면 음모와 모략을 불사하라는 의미도 내포되어 있기 때문이다. 또한 그 속에는 억울하다면 수단과 방법을 가리지 말고 힘을 기르라는 의미도 들어 있다. 자신의 억울함을 해소하기 위해서라면 또 다른 억울한 사람을 만들어내는 일쯤이야 아무것도 아니라는 식의 이 무서운 악순환의 고리를 어떻게 끊을 것인가?

우리가 살아가는 세상은 억울한 사람이 한 사람도 없는 그런 세상이 되어야 한다. 문제는 바로 우리네 사람들에게 공정사회에 대한 기대가 사실상 없다는 점이다. 많은 사람들이 하루하루 기도한다. 그저 무기력과 무책임에 빠져 자신만은 불공정한 사회의 희생양이 되지 않기를 바라고 있을 뿐이다. 아이러니하게도 많은 사람들은 자유와 정의를 갈망한다. 그럼에도 불구하고 보이지 않는 '사회의 불공정한 룰'에 속박되어 소중한 가치인 '자유의지'에 근거한 자발성을 상실하고 있다.

그렇다면 지금의 우리 사회의 실상은 어떠한가? 우리 사회는 불신풍조가 만연해 그것이 위험수위에 이를 지경이다. 그러니 우리나라 사람들은 국가기관을 믿지 않는 경향을 보인다. 최근의 한 조사 결과를 보면 국가 신뢰지수는 경제협력개발기구(OECD) 평균치에도 못 미치고 있다. 최근 현대경제연구원의 조사 결과를 보면 우리나라 국민 10명 중 7명은 우리 사회를 불신하는 것으로 나타나 불신풍조가 위험수위에 이르고 있음을 보여주고 있다.

이미 우리 사회는 불공정한 현실 앞에서 무기력의 늪에 빠질 수밖에 없는 사람들로 넘쳐 난다. 더 나아가 그들은 신뢰의 상실까지 겪게 된다. 도대체 우리는 누구를 믿어야 할 것인가?

지금의 우리 사회는 단절과 폐쇄가 극에 달해 있다. 역사적으로 보면 우리나라는 근대사의 소용돌이 속에서 서로를 극도로 불신하고 매도하는 시절을 겪었다. 그로 인해 우리 사회에 단절과 폐쇄의 장벽을 쌓아 올리는 불신이 만연해 있다. 이러한 현상은 사회적 불안감이나 대중적 공포심, 사회적 피해망상증을 불러일으킨다고 할 수 있을 것이다.

현재 우리나라의 갈등 지수는 다른 나라에 비해 상당히 높다. 2009년 6월 삼성경제연구소는 〈한국 사회 갈등과 경제적 비용〉이라는 보고서를 발표하였다. 이에 따르면 한 해에 사회갈등으로 지불하는 대가가 무려 300조원에 달하는데 이것은 거의 1년간 정부 예산과 맞먹는 액수이다. 그런데 주목할 것은 사회갈등지수가 10% 하락할 경우 1인당 GDP는 7.1% 상승한다는 점이다. 만일 사회갈등지수를 OECD 평균만 유지했어도 2002-2005년 평균 1인당 GDP 기준으로 5,000달러 이상이 늘어나 2만 달러를 훌쩍 넘을 수 있었다고 하니, 불신과 사회갈등이 우리 사회에 심각한 부담이 되고 있음을 알 수 있다.

사회의 갈등이 부담이 된다는 사실은, 사회적 차원의 갈등뿐만 아니라 개인적 차원의 갈등이 심각하다는 것을 여실히 보여준다. 경찰청 통계에 따르면, 현재 개인 간의 고소고발 사건이 지나치게 많으며 매년 증가 추세를 보이고 있다고 한다. 이렇게 걸핏하면 고소, 고발을 남발할 때 반목과 갈등 등 많은 피해를 유발할 뿐만 아니라 결과적으로 엄청난 사회적 비용을 초래한다는 사실을 명심해야 한다.

이러한 현상들은 결국 사회적 불공정에 대한 피해의식과 불신, 그리고 공동체 의식을 갖고 지내던 시절에 비해 개인의 권리를 찾고자 하는 개인주의적 성향이 강해지고 있는 것도 한 원인이라는 분석이 있다. 보다 정확히는, 과거보다 개인주의적 성향이 높아진 것에 따르는 것으로 그 까닭을 짐작해 볼 수 있는데, 갈등문제를 합리적으로 풀어 나갈 수 있는 역량 부족과 의지의 부족이 고소고발 남발의 원인이 되고 있다.

'함께'라는 의식이 없는 사회

최근 여러 통계 기관들이 각종 통계를 내놓고 있는데, 그 결과를 토대로 본다면 지금의 우리나라는 참으로 자랑스럽다. 우리나라는 국가 평균 지능지수(IQ) 1위이며 문맹률이 1% 이하인 유일한 나라이다. 또한 우리나라는 세계반도체 산업 1위, 청소년 교육열과 학력수준 1위, 디지털 산업 1위, 휴대폰 생산국 1위, 인터넷 보급률 1위, 전자제품 세계 시장점유율 1위 국가이기도 하다.

그런데 아이러니하게도 우리나라는 자랑스러운 세계 1등 못지않게 부끄러운 세계 1등의 타이틀도 참 많이 가지고 있다. 굳이 가장 부끄러운 기록을 꼽는다면 우리나라가 OECD 회원국 중 자살률이 1위라는 사실이다. 우리나라는 약 15년 전인 2003년에 '자살률 1위'라는 불명예스러운 자리에 오른 이후, 지금까지 굳건히 1위를 지키고 있다.

우리나라가 이 지경에까지 이른 것은 바로 패자를 함몰시키는 경쟁구조 때문이다. 약육강식의 경쟁에 지나치게 치우쳐 다른 사람의 고통을 아랑곳하지 않는 사회적 심리가 문제의 핵심이다. 결국 강자가 약자를 밟고 올라서는 약육강식의 경쟁 사회에서 타자의 아픔과 '

함께'하는 능력은 쓸데없는 장애물에 지나지 않는다.

우리 사회에서 약육강식의 경쟁에서 승리하기 위해서는 결코 다른 사람의 아픔을 함께 느껴서는 안 된다. 강자와 약자가 한데 뒤엉키는 경쟁에서 떨어져 나간 패배자는 단지 나약하고, 게으르고, 어리석은, 개인적으로 무능력한 사람으로 간주해야 한다. 즉, 경쟁에서 도태된 힘없는 패배자가 되어 사회의 주변부로 밀려 나면 죽음보다 무서운 소외와 배제만이 그들을 맞이한다. 생각해 보라. 약육강식의 경쟁에서 패배한 사람에게 주어지는 것은 이것 외에 아무것도 없다.

흔히 독일인들은 말한다. 그들은 옆 사람을 팔꿈치로 치며 앞만 보고 달려야 하는 치열한 경쟁사회를 '팔꿈치 사회'라고 일컫는다. 이에 비해 우리나라는 약육강식의 경쟁체제의 악순환 속에 '경쟁사회 탈진 증후군'에 빠져 허우적거리는 사람들이 급속도로 늘어나고 있다.

민족상잔의 6·25전쟁 직후, 헐벗고 가난했던 시절을 벗어나 지금 우리 사회는 그 어느 때보다 경제적 풍요를 누리고 있다. 하지만 우리 사회에는 경제적 풍요를 누리지 못하며 여전히 벼랑 끝에 내몰린 사람들이 숱하게 많다.

약육강식의 경쟁 사회는 약한 사람을 매몰차게 따돌리고 상처를 주고 있다. 이에 따라 사회에 적응하지 못한 우울증 환자가 급증하고 은둔형의 외톨이들이 늘어나고 있다. 나아가 소외와 분노를 참지 못해 끔찍한 범죄를 저지르는 사람들마저도 급격히 늘어나고 있는 실정이다.

또한 최근에는 불특정 다수를 겨냥한 '묻지 마 범죄'마저 비일비재 일어나고 있다. 전문가들은 이러한 '묻지 마 범죄'를 개인의 인성과 정신적·성격적 장애차원에서 원인을 찾는 경향이 있다. 하지만 필자의 생각은 다르다. 이러한 범죄들은 사회의 경쟁 구도에서 패배한 패자들이 일으키는 범죄로 봐야 한다는 것이 필자의 생각이다. '묻지 마 범죄'는 경쟁에서 밀려 더 이상 잃을 것이 없는 막다른 골목에서 약육강식의 사회에 대한 증오심을 마구잡이로 분출하는 범죄이다. 그들은 아예 '될 대로 돼라' 식으로 범죄를 저지르는 자포자기형의 사람들이 대부분이다.

치열한 경쟁사회에서 도태되거나 경쟁 구도에서 탈진한 낙오자들에게는 다시 한번 일어설 수 있는 재기의 기회가 필요하다. 우리 사회가 그들을 받아주지 않는다면 그들은 언제, 어디에서든 터져 버릴 시한폭탄이 수밖에 없다. 약육강식의 경쟁에서 탈락해 낙오자가 된 사람들이 '사회적 외톨이'로 변해 가고 있다. 따라서 이러한 사람들이 우리 사회의 잠재적 위험요소가 되어 가고 있는 현실이다. 정부 당국은 이러한 현실에 대한 해결책으로 치안대책을 강구하겠다고 하지만 이런 문제는 정부 당국의 힘만으로 해결할 수 없는 것이다. '사회적 외톨이'에 의한 범죄가 날로 증가하는 것은 사회 구조적인 문제에 기인하는 바가 크기 때문이다.

지금은 약육강식의 사회구조 속에서 경쟁력만이 우선이 되는 문명과 사회는 묻지 마 유형의 범죄를 만들어낼 수밖에 없다는 사실을 직시할 때이다. 그러기 위해서는 사회적 낙오자들의 고통을 공감하고 다시 기회를 주는 너그러운 사회로 환골탈태해야 한다. 경쟁에서 낙오한 사람들은 누구나 언제 터질지 모르는 시한폭탄과 같다. '경쟁사회 탈진 증후군'으로부터 벗어날 수 있도록 경쟁적 사회구조를 개편해야 실패한 사람뿐만 아니라 성공한 사람들도 인정할 수 있는 경쟁 구조를 만들어낼 수 있다.

불만족이 팽배한 사회

흔히들 인생사는 돈에 따라 명암이 갈린다고 말한다. 입에 풀칠하기 위해 밥벌이를 한다는 것은 상당히 고된 일이다. 반면 많은 부를 축적한 부자가 된다는 것은 그 얼마나 황홀한 일인가? 만일 많은 돈을 갖게 된다고 상상해 보라. 그것이 땀 흘려 번 돈이든, 로또에 당첨된 돈이든 간에, 상상만으로도 황홀감을 느끼게 될 것이다.

돈은 현대 사회를 지배하는 강력한 힘을 가진 신이다. 어디에 가든, 누구를 만나든 돈이 가장 필요하며 돈이 최고이다. 그렇기 때문에 사람들은 돈을 벌기 위해서 수단과 방법을 가리지 않는다. 누가 가난은 단지 불편할뿐이라고 말했던가. 누구나 돈이 없으면 비참하다. 사람 구실도 못한다. 유전무죄 무전유죄라고 하지 않던가.

그렇다면 돈은 어떻게 해서 지금과 같은 큰 위력을 갖게 되었을까? 지금의 사회에서 거대한 돈의 힘을 만드는 주된 원동력은 바로 인간의 탐욕이다. 마치 자동차의 고장 난 브레이크와 같은 탐욕은 불신과 증오, 좌절과 분노를 생산하고 나아가 인간을 훼손하고 파괴한다. 그럼에도 불구하고 우리는 돈 앞에 무릎을 꿇고 돈에 울고 돈에 웃는 삶을 계속하고 있다. 그렇다면 돈 말고는 울고 웃을 수 있는 가치란 과연 존재하지 않는 걸까?

흔히 사람들은 불평하기를 좋아한다. 그들은 만족은 아주 잠깐 음미할 뿐, 대부분 불평불만 속에 살아간다. 왜 사람들은 불평불만하기를 좋아할까? 불평불만을 일삼는 인간의 심리를 분석해 보면 근본적으로 인간의 불평열망은 자기연민에 뿌리를 두고 있다. 자기연민이란 심리는, 타자에 대한 연민의 원천인 동시에 타자에 대한 적개심의 원천이기도 하다. 어떤 경우이든 자기연민은 인간으로서 살다보면 마주치지 않을 수 없는 근본적인 속성이고 삶의 한 부분이라 할 수 있다.

다른 한 측면으로 보자면, 불평불만은 새로운 시작, 희망을 강화하는 긍정적 측면도 갖고 있다. 우리 사회에 대한, 다른 사람에 대한 불만을 품은 사람들이 모여 불만을 공유하는 과정에서 자신의 내면을 돌아보고, 타인의 고민과 상황을 이해하게 될 수도 있다. 그러나 그 근본적인 원인은 따로 있다. 많은 사람들이 불평불만에 사로잡힌 것은 인간의 근원적인 탐욕, 곧 '플레오넥시아'의 늪에서 벗어나지 못하기 때문이다.

플레오넥시아는 비단 단순한 탐욕의 본성만을 일컫는 것이 아니다. 그것은 이미 욕구를 채웠음에도 욕망의 굴레에서 벗어나지 않고 파괴성을 드러낸다는 데 그 심각성이 있다. 플레오넥시아에 사로잡힌 이들은 오로지 물질적 욕구와 쾌락에 집착할 뿐 정신적 가치나 자아실현 따위에는 관심이 없다.

많은 사람들이 행복을 차지하기 위하여 욕망의 경주를 벌여 보지만, 언제나 승자의 자리에 오르지 못하고 있다. 아니, 오히려 사람들의 불만족은 더 커져만 가고 불평과 불안으로 내면이 가득 차오른다. 사람들에게 행복이란 이미 먼 나라의 이야기일 뿐이다. 우리에게서 행복은 왜 멀어져만 가는가? 그것은 끝없는 욕망 때문이다. 욕망은 인간의 근본적인 본성이다. 아이러니하게도 욕망은 악의 근원인 동시에 열심히 살아가도록 만드는 에너지로 작용하기도 한다. 즉, 인간을 파멸로 이끌어 가기도 하지만 반면 그것이 행복의 조건이기 되기도 한다.

오늘날 문명의 진보는 더 많이 소유하고 더 많이 소비하며, 쉴 새 없이 욕망의 쳇바퀴를 달리라고 독촉한다. 그러나 오히려 많은 사람들이 우울과 권태라는 늪에 빠져들고 있다.

결국 많은 사람들이 욕망의 하수인이 되어 주인(욕망)의 명령에 따라 타자에 대한 관심과 자연에 대한 경외심을 저 멀리 던져 버리고 말았다. 인간에게 욕망은 가장 근원적이며 근본적인 것이다. 만약 우리 인간에게서 욕망을 제거하는 것이 불가능한 것이라면 방법은 하나밖에 없다. 욕망 가운데 어떤 것은 촉진시키고 어떤 것은 제약하는 지혜를 터득할 수밖에 없는 것이다.

02

행복으로 가는
기차에 오르기

행복, 어디에 있을까

누군가에게 행복하냐고 묻는다면 선뜻 대답하지 못할 것이다. 그것은 참 어렵고 우울한 질문이기 때문이다. 사실, 행복하냐는 질문에 그렇다고 대답할 수 있는 사람은 몇 되지 않는다. 왜 모두가 행복하지 못할까? 이러한 질문은 초조함과 우울함을 불러 올 뿐이다.

어떻게 해야 행복하게 살 것인가? 인류 사회는 이 질문에 답하기 위하여 정치, 경제, 사회, 문화 등에 걸쳐 눈부신 발전을 도모해 왔고, 지금도 보다 더 진보된 방안을 찾기 위해 고군분투하고 있다. 그 결과, 오늘날에도 절대빈곤층이 존재하긴 하지만, 그래도 과거와는 비교할 수 없을 만큼 풍요로워졌다. 이러한 변화는 특히 제2차 세계대전 이후 인류역사상 유례없는 과학의 발달과 경제성장 덕분이다.

불과 30-40년 전만 해도 우리들의 대부분은 열악한 환경에서 끊임없이 단순노동에 시달리면서도 하루하루 끼니 걱정을 해야 했다. 비인간적 주거환경 속에 살면서 최소한의 의료 서비스나 교육도 제대로 받지 못했고, 여가생활은 아예 생각조차 할 수 없었던 처지였다.

그런데 지금 우리들의 생활은 어떠한가? 지금 우리는 나라에서 지원하는 다양한 의료 서비스를 받고 있으며, 대부분 적절한 교육을 받고 있다. 이 모두가 눈부시게 발달한 문명의 진보 덕분이다.

그럼에도 불구하고 현대인들은 행복하지 않다. 왜 그럴까? 오늘날 현대인들은 늘어난 여가 시간, 더 많은 의료 혜택, 청결해진 환경, 평균소득의 증가 등 엄청나게 발전한 세상에서 장수하며 살아가면서도 점점 살기가 어려워진다고 불평한다. 인류 역사상 가장 좋은 환경 속에 살면서도 행복감은 정체되고 우울증과 자살률은 그 어느 시대보다 높아지고 있다. 더 나아가 문제는 그것이 마치 유행병처럼 넓게 퍼져 나가고 있다는 사실이다. 결국 사람들이 행복과 이별하고 행복으로부터 멀어져 가고 있다는 증거가 아니겠는가?

루소는 이러한 현상을 '진보의 역설'로 설명하고 있다. 루소는 과학과 예술의 진보가 오히려 행복을 감소시켰다고 주장하였다. 루소에 따르면 우리는 행복을 증대시키기 위하여 자신을 뒤흔들어댐으로써 행복을 변질시킨다. 즉, 진보 곧 끊임없이 팽창하는 가능성의 지평은 부단히 새로운 욕망을 창조하면서 결국 우리들의 평정을 위협하는 것이다. 이것은 불편한 진실, 진보의 역설이다.

한 나라의 미래는 그 나라의 국민들이 체감하는 행복감에 달려 있다. 행복이란 개인의 삶뿐만 아니라 국가 미래에도 영향을 미친다는 말이다. 따라서 국민행복지수는 그 어떤 경제지표보다 중요하게 다루어지고 있다.

그러면 우리나라의 경우는 어떠할까? 안타깝게도 우리나라는 스스로가 행복하다고 느끼는 사람들이 많지 않다. 한 언론사가 국민 1,000명에게 "지금 당신은 행복하십니까?"라는 질문을 한 결과, 단지 33.1%만이 "행복하다"고 답했다. 경제협력개발기구(OECD) 34개국 중에서 32위를 차지하여 '꼴찌'와 다름없다는 분석도 나왔다. 미국 여론조사기관 갤럽에 의하면 한국 행복지수가 세계 148개국 중 95위를 차지했다고 한다.

그렇다면 우리나라의 국민들이 행복하지 않은 이유는 어디에서 찾아볼 수 있을까? 통계청 자료 등을 분석해 보면 고용불안, 소득 수준이나 양극화 등 경제적 요인이 가장 큰 비중을 차지하고 있다.

행복의 중요한 요인으로는 경제적 조건도 꼽을 수 있지만, 전 세계를 그 기준으로 놓고 볼 때 우리나라는 경제 수준이 높지만 행복지수가 낮은 편으로 분류된다. 또한 비록 경제적으로 낙후된 국가들이라 하더라도 행복지수가 높게 나타나는 현상을 우연으로 보아서는 안 된다. 행복과 경제적 조건은 정비례하지 않는다는 사실을 감안할 때 각박한 마음에 가족은 물론 다른 사람을 사귈 새도 없으며 어려운 이웃을 보살피는 여유가 없다는 것이 우리나라 국민들이 행복하지 못한 이유들이다.

소설가 이외수의 《감성사전》은, 불행은 행복이라는 이름의 나무 밑에 드리워져 있는 그 나무만 한 크기의 그늘이라고 정의하고 있다.

즉 불행이라는 그늘을 보면 행복이라는 나무(삶 전체)를 알 수 있다. 다시 말해, 불행의 요인을 뒤집으면 행복의 조건이 된다는 뜻이다. 경제적 조건은 행복지수를 높이는 제일의 조건이 되지 못하며, 자기계발에 힘쓰며 다른 사람과 의미 있는 관계를 갖고, 어려운 이웃들을 돌보며 살아가는 것이 행복의 조건이 된다고 할 수 있을 것이다.

희망과 절망의 경계선에 서다

당신은 하루하루 빼놓지 않고 뉴스를 시청하는가? 각종 미디어를 통해 흘러나오는 뉴스는 언제나 소재만 바뀔 뿐 내용은 거의 같다. 각종 황폐한 내용의 뉴스들이 우리들의 눈과 귀를 사로잡으며 우리를 절망의 구렁텅이로 몰아간다. 내일은 또 어떤 황폐한 뉴스들이 전해질지 두렵지만, 아직 뉴스는 끝나지 않았다.

우리는 작은 희망의 뉴스 또한 엿들을 수 있다. 생명의 빛이라곤 찾을 수 없는 황무지에서 희망이 피어나고 있다. 그래서 우리는 절망과 희망의 경계에 서 있는 것이다.

혹시 인간과 동물의 근원적인 차이가 무엇인지 아는가? 그것은 인간은 어떠한 어려움 속에서도 사랑과 희망을 품고 있다는 사실이다. 그리스 신화를 보면, 인간은 판도라의 상자를 열어 봄으로써 세상에 나쁜 영향을 주는 많은 것들을 밖으로 내보냈다. 그래서 세상에는 때로 추악한 일도 일어나고, 참담한 위기가 야기되기도 한다. 그래도 다행인 것은 '희망'은 끝까지 판도라의 상자에 남아 있어 아무리 큰 어려움을 겪더라도 끝까지 희망은 있다는 사실이다.

그렇다면 마지막까지 우리에게 남아 있는 희망이란 도대체 무엇일까? 그것은 바로 '사람'이다. 동물들과 다르게 사람만이 강자가 약자에게 양보할 수 있기 때문이다. 그러면 우리의 희망은 어떻게 실현할 수 있을 것인가? 바로 사람을 믿는 것이다. 희망실현의 조건은 희망의 본질인 사람에 대한 신뢰이다. 어찌 보면 오늘날 우리가 초래한 사회의 위기도, 경제의 위기도 모두 사람에 대한 신뢰의 부재에서 시작된 것이고 할 수 있다. 지금 우리 사회에 팽배해 있는 승자독식의 경쟁이 서로 믿지 못하게 만들었다.

희망의 세계를 열려면 경쟁능력보다 양보능력이 필요하다. 그렇다면 누가 누구에게 양보해야 하는가? 당연히 강자가 먼저 약자에게 양보해야 한다. 강자의 양보가 없는 약육강식, 승자독식의 사회에서는 절대로 희망이 없다. 반면에 약자도 약자의 권력을 버려야 한다. 양보는 상호적인 것이다. 서로를 향한 신뢰는 양보능력을 배가시킨다. 전 세계 모든 보편적 종교는 서로 믿을 것을 가르치고 있다. 우리 모두가 서로 신뢰할 때 양보가 가능하고 양보할 때 상생의 길이 열린다. 바로 여기에 희망이 있다.

대한민국은 살아남기 위해 다른 누군가를 희생양으로 삼아야 하는 치열한 경쟁사회다. 과도한 경쟁체계 속에서 탈진하여 사소한 일에도 서로를 짓뭉개 버리고 있다. 그러면서 모두가 무기력하게 주저앉아, 희망이 보이지 않는다고 사회에 분노하고 하늘을 원망하고 있다.

하지만 우리에겐 아직 희망이 있다. 희망은 '없는 것'이 아니라 희망을 '갖지 않으려는' 데 문제가 있다. 희망은 그것을 가지려고 노력하는 자에게 비로소 그 미소를 보여준다. 희망을 가지려면 무기력감에서 벗어나 스스로에게 동기를 부여해야 한다. 사회 구성원으로서 책임감을 가져야 한다. 투철한 책임감으로 현재 우리 앞에 놓인 많은 어려움과 삶의 방식을 바꾸고 새로운 세상을 만들어 나가야 한다. 약육강식의 경쟁논리만이 적자생존을 보장하는 것이 아니기 때문이다.

희망의 다리 건너기

희망은 한 사람으로부터 시작된다. 저 드넓은 대륙을 거침없이 흘러가는 거대한 강물도 한 방울의 빗물로부터 시작된다는 사실을 명심하자. 한 사람의 힘은 보잘것없어 보일 수 있다. 그러나 한 사람의 의지가 세상을 바꿀 수도 있다.

고(故) 이태석 신부의 삶이 그것을 잘 보여주고 있다. 그는 우리 곁을 떠났지만 그가 세상에 남긴 사랑의 울림은 사람들 마음속에 남아 있기에, 지금도 많은 사람들이 여전히 그를 그리워하고 있다. 수많은 사람들이 이태석 신부의 삶을 통해 어떻게 살아야 하는지 깨닫고 세상의 변화를 위하여 기꺼이 자신들의 신념을 실천에 옮기고 있다. 수많은 또 다른 이태석이 태어난 것이다. 바로 이것이 한 사람의 위대한 힘이다.

우리는 비록 큰일은 할 수 없어도 '작지만' 그러나 '중요한' 일은 할 수 있다. 사소한 일이 가져오는 효과를 '나비효과'라고도 한다. 나비의 단순한 날갯짓이 기상변화를 일으킨다는 나비효과는, 기상학 이론이지만 작고 사소한 일이 나중에 엄청난 결과를 야기한다는 일반적 의미로도 쓰인다. 비록 한 사람의 힘은 미약하지만 희망의 나라는 그 미약한 한 사람으로부터 시작된다.

자연과학에서는 공존하지 못하는 생태계를 단극상의 사회, 공존하는 생태계를 다극상의 사회라고 한다. 물론 이것은 인간사회에도 적용된다. 단극상의 사회는 '나 혼자'만의 사회요, 다극상의 사회는 '더불어' 사는 사회이다.

단극상의 사회, '나만의 삶'에서는 약육강식의 경쟁력이 미덕이며 다른 사람은 모두가 밟고 올라서야 할 경쟁자일 뿐이다. 약육강식의 세계에서 타자를 배려한다는 것은 위험천만한 일이다. 따라서 남 잘 되는 것 절대 봐 주지 않는다. 배고픈 것은 참아도, 배 아픈 것은 참지 못한다.

우리가 살아가는 사회를 행복한 세상으로 만들 수 있는 길은 하나밖에 없다. 나만의 삶의 방식을 벗어나는 것이다. 사촌이 땅을 사면 진정으로 기뻐해 주는 사람! 이웃의 성공을 도와주고 함께 기뻐하는 것이 더불어 사는 삶이다. 경쟁을 미덕으로 삼는 '나만의 삶'과 달리 '더불어 삶'은 경쟁보다 양보를 미덕으로 삼으며 각자의 재능을 서로 인정해 주며 상생의 삶을 추구한다.

'나만의 삶'을 탈피하여 서로 상생하는 다극상의 사회를 이룰 때, 우리의 삶은 희망으로 가득 찰 것이다. 그리고 그때야 비로소 행복이 우리 곁에 찾아올 것이다.

03

선한 리더십의
시대가 도래하다

선한 리더십이란

인류의 역사의 공이든, 과이든 대부분은 리더들의 리더십의 유형과 그 특징의 결과라고 해도 과언이 아닐 것이다. 선한 리더를 만나면 백성이 평안한 삶을 살게 되고 악한 리더가 통치하면 백성들은 고통스런 삶을 살아야 한다. 우리는 실제로 리더십에 대한 커다란 영향력 아래 직면해 있다. 그리고 누구든지 리더가 될 수 있는 가능성은 늘 열려 있다. 문제는 리더십이 무엇인가 하는 것에 대한 정의에 있다. 그에 따라 발휘되는 리더십이 엄청나게 다른 결과를 낳기 때문이다.

선한 리더십에서 선한 리더와 구성원과의 관계는 선한 목자와 양들의 비유로도 설명이 가능하다. 목자는 양들에게는 절대적인 리더이다. 양들의 생명과 직결되는 역할을 하는 인물이기 때문이다.

선한 리더십은 두 가지로 특징지을 수 있을 것이다. 한 가지는 위기 시에 자신의 구성원들을 지키는 것, 그리고 평소에 구성원들과 친밀한 관계를 유지하는 것 두 가지이다. 또한 리더십의 역할에서 중요한 요소는 리더가 누구를 위해 존재하는가 하는 것이다. 단언컨대 리더는 구성원을 위해 존재한다. 구성원들이 있기 때문에 리더가 있는 것이지 리더가 있기 때문에 구성원이 있는 것이 아니다. 리더는 언제나 구성원을 위해 존재해야 하는 역할이다.

이러한 존재론적 리더십의 의미는 모든 사회 집단에 적용해야 한다. 국민이 있기 때문에 왕과 대통령이 필요한 것이지 왕 때문에 국민이 존재하는 것은 아니다. 항상 구성원의 유익을 위해 리더가 존재하는 것이지 리더십의 직임을 만족시키기 위해서 구성원들이 존재하는 것이 아니다. 회사는 사장의 이익을 극대화기 위해서 직원들을 종처럼 고용해서 최저 임금을 주고 그들을 통해 자기 자신의 사욕을 채울 수 있는 모임이 아니다. 오히려 직원들의 수고로 사장들과 투자자들이 이익을 받게 되는 것이다. 물론 직원들도 창업자와 투자자들의 수고로 유익을 얻는 것은 사실이다. 그러나 결국에 직원들의 유익을 우선으로 두는 기업이 최고의 수익을 얻게 된다.

선한 리더십은 사회의 모든 분야에서 적용할 수 있고 또 적용해야 한다. 넓게는 국가의 대통령과 정부 가운데, 그리고 사회 곳곳의 리더의 위치에 있는 사람들에게, 회사의 리더십 위치에 있는 사람들에게, 교회의 지도자들에게, 그리고 좁게는 가정의 가장들에게도 적용해야 할 원리이다.

선한 리더는 타인을 존중한다

철학자 임마누엘 칸트는 다른 사람들을 대할 때 존경심을 가지고 대하는 것은 우리의 의무라고 주장하였다. 그것은 그것 자체가 '목적'이어야 하고 '수단'이 되어서는 안 된다는 것을 의미한다.

보우챔프와 보위가 지적한 바와 같이 "사람을 대할 때 사람은 그 자신이 자율적으로 설정한 목표를 가진 하나의 존재로 대하여야 하고, 순전히 다른 사람의 개인적 목적을 위한 수단으로 취급되어서는 안 된다"는 것이다.

그리고 이들 두 학자는 계속해서 다음과 같이 제안하고 있다. 즉, 다른 사람을 대할 때 수단으로서가 아니라 목적으로 대하려면 다른 사람의 결정이나 가치를 존중해야 한다는 것이다. 그렇게 하지 않으면 다른 사람을 자신의 목적을 위한 수단으로 취급하는 것이기 때문이다. 그래서 타인을 존중하는 리더는 구성원들 자신의 창조적인 열망을 인정하고 존중한다.

또한 그 같은 리더는 모든 타인이 그 나름의 절대적인 가치와 소중한 개인차를 가지고 있다는 생각을 가지고 그들을 대한다. 그리고 다른 사람을 존중한다는 것은 다른 사람의 생각을 신뢰하고 그들을 한 인간으로 인정하는 것을 의미한다. 그리고 존중한다는 것은 리더가 그들과 관련된 결정을 그들에게 맡겨야 한다는 의미이기도 하다.

번스가 제의한 바와 같이 리더는 구성원들을 양육하듯이 하여

자신들의 욕구와 가치 및 목적 등을 알아차리도록 해야 하고 그것들
(욕구, 가치, 목적)을 리더의 그것들과 융합해 가도록 도움을 주어야 한
다. 타인을 존중해야 한다는 것은 복잡한 개념으로서 부모가 어린
자녀들을 가르치는 것과 유사하지만 그보다는 더 깊은 뜻을 담고 있
는 개념이다. 그래서 타인을 존중하는 리더는 구성원들의 말을 수용
적인 자세로 경청하고 공감을 나타내며(감정이입을 하며) 반대의 견해도
관대하게 받아들이는 것을 의미한다.

　　그리고 또 존중은 구성원들의 신념이나 태도 및 가치관을 인정하
는 것을 의미하기도 한다. 리더가 구성원들을 존중하게 될 때, 구성
원들은 자신들의 작업에서 자신감을 느끼게 되는 것이다. 간단히 말
해서 타인을 존중하는 리더는 구성원들을 존경할 만한 가치가 있는
한 인간으로 대하는 리더이다.

선한 리더는 타인을 섬긴다

　　섬김의 원칙은 명백한 이타주의의 한 예이다. 즉, 섬김의 리더는
이타적이다. 그래서 그들은 계획을 수립할 때 구성원들의 복지를 최
우선에 둔다. 작업현장에서도 이타적인 섬김의 리더들은 사제관계,
권한위임, 팀 구축 및 조직시민행동 등의 행동을 하고 있음을 보게
된다.

다른 사람들을 섬기는 리더의 책임은 자선의료봉사활동에서 볼 수 있는 윤리 원칙과 매우 유사하다. 자선행위는 히포크라테스적 전통에서 유래된 것으로서 의료전문가들은 환자들에게 유익이 되는 선행을 해야 하는 것이다.

일반적으로 자선이란 베푸는 자가 사람들이 자신들의 정당한 이익과 목적을 추구하도록 도와줄 의무가 있다는 것을 의미한다. 의료전문가들과 마찬가지로 선한 리더는 사람들의 필요에 유의하고 그들을 보호하며 그들의 복지에 유익이 되고 해가 되지 않는 방향으로 결정해야 할 의무가 있다.

다른 사람들에게 관심을 갖는 것은 선한 리더십의 일차적인 기본적 요소이다. 센지는 학습조직에서 리더의 중요한 과업 중 하나는 조직의 비전을 위한 청지기(비전을 받들어 섬기는 사람)가 되어야 한다고 주장한다. 청지기가 되어야 한다는 것은 자기 자신의 것보다 더 중요한 조직의 비전을 명확히 하고 비전을 교육해야 한다는 것을 의미한다. 이것은 곧 자기중심적이 아닌 조직 내의 다른 사람들의 비전과 자신의 비전을 통합하는 것을 의미하는 것이다. 따라서 유능한 리더는 리더 자신의 비전을 개인적인 것 이상의 한 중요한 부분, 즉 조직의 한 부분이나 크게는 지역사회의 한 부분으로 본다.

요컨대 그것은 그린리프가 말한 못 가진 자들을 섬기는 일이나 센지가 말한 더 큰 목적을 위해 자신을 헌신하는 것이다. 결국 섬김의 배후에 있는 의도는 타인들의 보다 큰 유익을 위해 공헌해야(도움을 주어야) 한다는 것이다. 섬김의 원칙을 실천하는 데 있어서 선한 리더는 기꺼이 구성원 중심적이 되어야 하고 그들의 이익을 최우선에 두며 그들에게 이익이 되는 방향으로 행동해야 한다.

최근에 경영계에서 '보다 더 큰 유익(공익)'을 위해 봉사해야 한다는 생각이 예외없이 큰 지지를 받고 있다. 오늘날 훌륭한 경영 리더들을 배출하고 있는 일류 경영대학원의 하나인 하버드 경영대학원 졸업생 20%가 책임 있게 선하게 행동하고 다른 사람을 희생하고 자신의 야망을 추구하는 것을 삼가겠다고 약속을 하는 서약을 하였다. 이와 마찬가지로 콜롬비아 경영대학원은 모든 학생들이 진실과 정직, 그리고 존경이라는 덕목들을 고수해야 한다는 명예서약을 요구하고 있다. 봉사의 원리를 실천하는 데 있어서 선한 리더들은 기꺼이 따르는 사람들 중심이 되어야 하고, 일터에서 다른 사람들의 이익을 최우선에 두어야 하며 다른 사람들에게 유익이 되는 방식으로 행동해야 한다는 것을 강조하고 있다.

선한 리더는 공정하다

선한 리더는 공정성과 정의에 관심을 기울여야 한다. 리더들은 그들의 구성원들을 평등하게 대해야 한다는 것을 최우선 과제로 삼아야 한다. 정의는 리더들이 그들의 결정과정에서 공정성을 가장 중심에 둘 것을 요구한다. 일반적으로 어쩔 수 없는 특별한 경우를 제외하고는 조직 내의 누구도 특별한 대우를 받거나 특별한 배려를 받아서는 안 된다. 조직 내의 개인이 불가피하게 차별대우를 받아야 할 경우 그 차별적 대우의 원인이 분명하고 합리적이며 건전한 도덕적 가치에 근거해야 한다.

예를 들어, 우리 중 많은 사람들이 성장기 동안 한 번쯤 어떤 유형이건 운동선수팀의 일원이 된 적이 있을 것이다. 우리가 좋아했던 코치는 선수들 모두를 공정하게 대한다고 생각한 코치였을 것이다. 어떤 경우에서도 코치가 어느 한 선수를 다른 선수들과 차별대우하는 것을 원하지 않았을 것이다.

그러나 만약 누군가가 변변치 않은 이유로 연습시간에 늦었다면 우리는 그가 그 같은 상황에서 우리가 받았을 징계와 똑같은 징계를 받기를 원했을 것이다. 어느 선수가 개인적 문제가 발생하여 휴식이 필요한 경우, 우리는 코치가 그에게 휴식시간을 주기를 원했을 것이다. 의심할 여지없이 좋은 코치는 결코 편애하지 않으며, 선수 모두가 경기에 임할 수 있도록 하는 것을 중시하는 코치일 것이다.

요컨대 우리가 원하는 것은 코치가 공평하고 공정하게 행동하는 것이다. 구성원들에게 지원을 제공하거나 보상이나 징계를 할 때 리더들은 주요한 역할을 한다. 이때 적용되는 법칙이나 그 법칙들이 적용되는 방법은 그 리더가 얼마나 정의의 실현에 관심이 있고 공정성을 어떻게 실현하고 있는가를 보여준다.

롤스는 공정성과 관련된 이슈들에 대한 관심은 공동의 이익을 촉진시키기 위해 서로 협력하는 모든 사람들에게 필수적인 것이라고 주장한다. 그것은 "남에게 대접을 받고자 하는 대로 너희도 남을 대접하라(성경, 마태복음 7:12)"라는 '황금률'과 유사하다. 만약 우리가 다른 사람들이 우리를 공정하게 대하기를 원한다면 우리도 그들을 대할 때에 공정해야 한다.

공정성과 관련된 이슈들이 문제가 되는 경우가 있다. 재화나 자원은 한계가 있고 그 한정된 재화를 확보하려는 경쟁이 있기 때문이다. 즉, 자원의 희소성이 실재하고 또 그 같은 희소성 때문에 공평한 배분의 방법을 둘러싸고 개인들 사이에 가끔 갈등이 일어난다. 그래서 리더들이 보상배분을 위한 명확한 규칙을 확립하는 것은 매우 중요하다. 이러한 규칙들의 내용은 그 리더와 그 리더가 이끄는 조직의 윤리적 기초가 되고 있는 것이다.

보우챔프와 보위는 리더가 조직 내에서 이익과 책임을 공정하게 배분하는 데 지침이 될 수 있는 몇 가지 공통된 원칙을 제시하였다.

*분배정의의 원칙들(아래의 원칙들은 각각 다른 상황에도 적용될 수 있다.)

- 각 개인에게 동일한 몫
- 각 개인의 개인적 필요에 부합
- 각 개인이 개인적 권리에 부합
- 각 개인의 개인적 노력에 부합

- 각 개인의 사회적 기여도에 부합

- 각 개인의 공과에 부합

물론 모든 사항을 포함하고 있는 것은 아니지만 이 원칙들은 리더들이 배분과정에서 왜 그 같은 배분방식을 선택하는가에 대한 논리적 근거를 제시한다. 또한 어떤 특정 상황에서 리더가 구성원들을 대우하는 데 있어서 단일한 원칙을 활용할 수도 있고 몇 가지 원칙을 조합해서 사용할 수도 있다.

당신이 지금 50명의 운전기사들을 고용한 작은 트럭운송회사를 운영하고 있다고 하자. 얼마 전 수익성 전망이 좋고 운송일정도 이상적인 새로운 운송노선을 개통하게 되었다. 단지 한 명의 운전기사만을 그 노선에 배정해야 하는데, 7명의 운전기사들이 그 노선에 지원을 하였다. 그들 모두가 그 노선을 얻을 수 있는 동등한 기회를 가져야 한다고 생각하고 있다. 그들 중 한 명은 최근 그의 아내를 유방암으로 잃고 세 아이를 돌보느라고 고생을 하고 있다(개인적 필요).

그들 중 한 명은 소수민족이며 그들 중 한 명은 그가 그 일을 얻기에 충분한 권리가 있다고 믿고 있다. 또 한 명은 3년 연속 최장 운전시간기록을 갖고 있으며, 그녀가 지금까지 노력한 바대로 새로운 노선에 배치될 충분한 자격이 있다고 믿고 있다. 그들 중 한 명은 전국안전위원회에서 일한 바 있으며 20년간 무사고 운전기록을 자랑하고 있다(사회적 기여). 두 명의 운전사는 이 회사의 초창기부터 매년 홀

륭하게 일해 오고 있다.

이 회사의 사장으로서 당신이 직면한 문제는 그 새로운 노선에 누구를 어떻게 공정하게 배정하는가 하는 것이다. 비록 많은 다른 요인들이 당신의 결정에 영향을 미치겠지만(예를 들면, 나이, 임금, 종업원의 건강 등), 앞에서 제시된 원칙들은 그 같은 결정에서 일련의 지침이 될 수 있을 것이다.

선한 리더는 정직하다

우리가 어렸을 때 어른들에게 흔히 듣던 말은 "절대로 거짓말을 하지 말라"는 것이다. 선하다는 것은 곧 진실만을 말해야 한다는 의미이다. 리더에게도 똑같은 교훈이 적용된다. 좋은 리더가 되기 위해서는 정직해야만 하기 때문이다. 정직의 중요성은 우리가 정직의 정반대, 즉 부정직을 생각할 때 더 명백히 이해될 수 있다. 부정직은 거짓의 한 형태이며 진실을 대변하지 못하는 행동방식이다. 부정직은 많은 불쾌한 결과들을 낳게 되는데 그중 부정직으로 인해 나타나는 불신이 가장 큰 문제이다.

리더들이 정직하지 못할 때 사람들은 그 리더를 의지할 수 없고 믿을 수 없는 사람이라고 생각하게 된다. 사람들에게 리더가 말하고 주장하는 것에 대한 신뢰를 잃는다는 것은 그들의 리더에 대한 존경이 사라진다는 것을 의미한다. 결과적으로 한 리더의 영향력은 다른 사람들이 그를 더 이상 신뢰하거나 믿지 못하기 때문에 손상될 수밖에 없다. 우리가 다른 사람들과 관계를 맺을 때에도 부정직은 나쁜 영향을 미치게 된다.

부정직은 사람들이 서로 관계를 맺는 방식에 긴장을 불어넣는다. 우리가 다른 사람들에게 거짓말을 할 때, 본질적으로 우리가 그들과의 관계를 내 식대로 조종하고자 하는 의도가 있다는 것을 말하고 있는 것이다. 우리가 다른 사람과의 관계에서 그 사람을 신뢰하지 못한다는 것은 우리가 갖고 있는 정보를 말해 줄 수 없다는 것을 의미한다.

실제로 우리는 어떤 인간관계에서 편견 없는 정직한 관계가 최상의 관계라고 말은 하면서도 자신을 편견 안에 가둔다. 이러한 행동유형은 장기적으로는 관계를 약화시키는 결과를 가져온다. 부정직은 비록 그것이 선의에서 비롯된 것이라 할지라도 관계의 분열을 가져온다.

그러나 정직은 단지 진실을 말하는 것만을 의미하는 것은 아니다. 정직은 다른 사람들에게 마음을 열고 진실을 있는 그대로 완전히 표현하는 것을 말한다. 그러나 그것은 쉬운 일이 아니다. 완전한 진실을 말함으로써 그것이 오히려 파괴적이며 역효과를 낳는 결과를 초래할 수도 있기 때문이다.

따라서 리더의 과제는 특정 상황에서 무엇을 말하는 것이 적절한 것인지 항상 주의하는 동시에 개방적인 것과 솔직한 것 간에 균형을 이루는 것이다. 리더가 믿을 만해야 하는 것은 매우 중요하다. 그러나 동시에 다른 사람들의 태도나 감정에 민감해야 한다는 것은 필수적이다. 따라서 정직한 리더십은 광범위한 행동양식을 내포하고 있다.

달라 코스타는 그의 저서 《윤리적 책무》에서 정직한 것은 '속이지 않는 것' 이상을 의미한다고 지적하였다. 조직 내의 리더들에게 있어서 정직함은 "그들이 이행할 수 없는 것을 약속하지 않으며, 잘못 대변하지 않으며, 발뺌하고 둘러대면서 숨기지 않으며, 책임을 은폐하지 않으며, 의무를 회피하지 않으며, 경영에서 적자생존의 압력이 다른 사람의 존엄성과 인간성을 존경할 의무로부터 우리를 해방시켜 준다는 주장에 현혹되지 말 것"을 요구한다. 그 밖에도 달라 코스타는 조직이 정직의 필요성을 인식하고 조직 내의 정직한 행동에 대해 보상해 주는 것이 중요하다고 주장한다.

선한 리더는 공동체를 구축한다

우리는 리더십이란 공동목표 내지는 공동체적 목표를 달성하기 위해 다른 사람들에게 영향력을 행사하는 과정이라고 정의하였다. 이 정의가 공동목표를 언급하고 있다는 점에서 명확한 윤리적 차원을 내포하고 있는 것이다. 공동목표는 리더와 구성원들 간에 그 집단이 나아가야 할 방향에 대해 동의가 이루어져야 한다는 것을 요구한다. 따라서 리더는 그 자신과 구성원들의 목표를 동시에 고려하면서 그에 적합한 공동목표를 향해 나아가야 한다.

이 같은 요인, 즉 다른 사람에 대한 배려는 '순수한 변혁적 리더십'과 '유사한 변혁적 리더십'을 구분짓게 하는 변별적 특성이다. 이 것은 리더가 자신의 의지만을 다른 사람들에게 강요해서는 안 된다는 것을 의미한다. 그래서 리더는 모든 사람들의 목표와 양립될 수 있는 목표를 추구할 필요가 있는 것이다.

번스는 이 개념을 그의 변혁적 리더십이론의 중심에 두고 있다. 변혁적 리더는 집단이 리더와 구성원들 양쪽 모두에게 이익이 되는 공동의 목표를 지향할 수 있도록 해야 한다는 것이다. 이같이 상호 이익이 되는 목표를 지향하면서 리더나 구성원들 양쪽은 모두 변화를 겪게 마련이다. 바로 이 부분이 번스의 이론의 독특한 특징이 되고 있다. 즉, 번스는 리더십이란 리더와 구성원들 간의 관계에 바탕을 두어야 한다는 것이다.

이 같은 리더와 구성원들의 관계는 독일에서 히틀러의 영향처럼 리더에 의해 일방적으로 통제될 수는 없는 것이다. 히틀러는 자신의 계획을 실천하기 위해 사람들을 강압하였고 인간의 공동선을 증진시키는 데 도움이 되지도 않는 목표를 추구하였다.

선한 리더는 그 집단에 참여하는 모든 구성원들의 목표를 고려하고 공동체와 그 공동체 문화의 이해관계에 세심한 배려를 해야 한다.

그렇게 함으로써 리더는 다른 사람들을 보살피는 윤리를 실현할 수 있고 다른 사람들의 의도를 무시하거나 강압하지 않게 되는 것이다. 로스트는 한 걸음 더 나아가 선한 리더십은 시민적 덕성에 주의를 기울여야 할 필요가 있다고 주장하고 있다. 그의 이 같은 주장은 리더와 구성원들이 그들 상호 간에 설정한 목표를 넘어 지역사회의 목표와 목적에도 관심을 기울여야 한다는 의미이다.

번스가 주장한 바와 같이 변혁적 리더와 그를 따르는 구성원들은 넓은 사회적 집합체에까지 손을 뻗치기 시작하고 더 높고 광범위한 도덕적 목표의 확립을 추구한다. 모든 개인의 목표와 조직의 목표는 공동의 선과 공적 이익의 테두리 안에서 추구되어야 한다. 우리는 리더와 구성원들에 의해 제기되는 변화들이 어떻게 조직과 지역사회 그리고 전체 사회에 영향을 미칠 수 있는가에 항상 유의할 필요가 있다. 가장 포괄적인 의미에서의 선한 리더는 공동선이나 공중의 이익에 관심을 두어야 한다.

04

변화와 혁신 | 리더십의 효율성

리더의
조건

변화와 혁신

우리 사회에서 사람들은 변화하지 않으면 가치를 잃어버리는 것들을 수없이 목격하고 있다. 그래서인지 요즈음 개인, 기업, 국가는 너나 할 것 없이 변화와 혁신을 강조하고 있다. 국가는 국제사회에서, 개인이나 기업은 사회의 주류로 자리를 잡기 위해서 사회의 변화에 따라 빠르게 변화하고 그에 따른 준비를 해야만 하는 시대에 살고 있기 때문이다.

정부에서는 혁신기관을 두고 변화와 혁신을 주도하려고 하고 있으며, 개인은 사회의 변화에 적응하고 성공하기 위해서 스스로가 변화와 혁신을 꾀하려고 노력하고 있다. 많은 기업들의 사업계획에도 '변화'는 빠지지 않고 등장하는 주요 사항이다. 조직의 우두머리인 많은 리더들은 자신의 조직을 변화시키기 위하여 사무혁신, 조직혁신, 구조조정, 조직문화 개선 등 다양한 이름의 변화 관리 프로그램을 선포하고 보다 나은 조직으로 거듭날 것을 다짐한다. 하지만 안타깝게도 변화와 혁신을 성공적으로 수행한 기업이나 국가는 전 세계적으로도 손에 꼽을 정도로 극소수에 불과하다.

역사상 100년 전부터 혁신과 변화의 중요성은 강조되어 왔다. 슘페터는 자본주의 발전의 원동력은 '창조적 파괴'라는 말로써, 또한 컨베이어 시스템을 도입해서 자동차의 대량생산과 대중화 시대를 연 헨리 포드는 "변화를 거부하는 사람은 이미 죽은 사람이다" "이 나라에서 우리가 아는 유일한 안정성은 변화뿐이다" "만약 목표를 성취하는 데, 방해가 된다면 모든 시스템을 뜯어고치고, 모든 방법을 폐기하고 모든 이론을 던져 버려라" 등의 말로써 변화와 혁신의 중요성을 주장하였다. 과거로부터 주장해 온 변화와 혁신은 쉽사리 달성되지 않았고, 시대의 변화에 따라 변화와 혁신은 더욱 필요한 요소가 되었기 때문에 오늘날까지 강조되고 있는 것이다.

이러한 변화와 혁신은 변화를 거부하는 기존의 세력에게 많은 저항을 받기 마련이다. 이에 따라 대단위 자원과 노력의 투여, 그리고 오랜 시간이 소요되는 특징을 가지고 있다. 성공적인 변화와 혁신을 위해서는 최고경영자의 전폭적인 참여와 지원이라는 전제조건이 필요하다. 그런데 최고경영자 한 사람의 힘만으로 거대한 조직이 변화할 수 있다는 것은 크나큰 착각이다.

요컨대 조직 전체의 변화와 혁신을 꾀하기 위해서는 최고경영자 한 사람의 변화나 혁신이 중요한 것이 아니라 조직 구성원 전체의 변화와 혁신이 뒤따라야 한다. 그런데 기존의 조직 구성원을 변화와 혁신의 선두로 만드는 것은 고정관념을 깨는 것만큼 어려운 일이다. 따라서 기업이나 국가는 변화와 혁신을 이끌 새로운 인재를 등용하려는 노력을 기울이고 있다.

벤자민 프랭클린은 원하는 것은 무엇이든지 자신의 노력에 의하여 이룰 수 있다고 생각한 사람 중 하나이다. 남들은 한 가지 분야에서 성공하기도 힘들지만 벤자민 프랭클린은 평생을 살면서 인쇄공, 주간지 발행인, 의용병 대장, 시의원, 유명한 작가, 정치가, 애국자, 저명한 과학자로 미국 역사 발전에 지대한 공헌을 하였다. 그는 10세 때부터 학교를 그만두고, 마땅한 정규교육을 제대로 받지는 못했지만 멀티 플레이어로서 전문적인 지식을 습득하기 위하여 끓임 없는 노력을 하였다. 그는 미국 건국 초기에 워싱턴 장군을 도와 미국 역사상 중요한 역할을 수행하였다. 그는 독립선언서를 만드는 데 기여하였으며, 지도자로서 대통령직 외에는 국가의 중요 요직을 골고루 맡았던 위대한 사람이었다. 벤자민 프랭클린은 다양한 일을 경험한 데다 창의성도 매우 뛰어났다. 그의 놀라운 창의성은 피뢰침, 2촛점 안경, 스토브 이외에도 수많은 발명으로 이어졌다. 그는 항상 변화와 혁신을 꿈꿔 왔다. 그래서 영국의 식민지에서 독립하기를 원해 직접 의용병 대장이 되었으며, 독립선언서를 작성하게 하였다. 미국이 독립된 후에도 다양한 멀티 플레이어로서의 능력을 가지고 국가의 기틀을 혁신적으로 변화시키는 데 앞장섰다. 오늘날 미국이 지금처럼 강대한 제국으로 자리를 잡게 하는 데 벤자민 프랭클린의 역할이 컸다는 것을 알 수 있다. 이처럼 벤자민 프랭클린은 제대로 교육의 혜택을 받지 못했으면서도 '하면 된다'는 정신으로 스스로 학습을 통하여 자신의 인생을 변화시키고 미국의 역사를 변화시켰다.

오늘날처럼 개인, 기업, 국가가 변화와 혁신을 필요로 하는 시대일수록, 변화에 재빠르게 적응할 수 있는 새로운 리더가 필요하게 된다. 이러한 새로운 리더들이 사회의 주류가 되는 때에야 비로소 변화와 혁신을 이끌 신인류가 탄생할 것이다.

리더십의 효율성

한 사람의 능력은 외부로 발휘될 때 그 진면목이나 능력을 알 수 있다. 따라서 리더는 자신의 능력을 그저 지니고만 있어서는 안 된다. 리더는 자신의 재능을 통해 좋은 결과를 도출해낼 줄 알아야 한다. 그래야 구성원들이 리더에 대한 능력을 인정해 주고 그것을 비로소 필요로 하기 때문이다. 다른 구성원들에게서 리더가 도출해낸 좋은 결과를 인정받느냐 하는 문제는, 리더가 능력을 얼마나 가지고 있느냐가 아니라 그것을 얼마나 발휘할 수 있느냐에 달려 있다.

결국 리더의 가치를 평가하는 기준은 연령이나 학력이나 경력도 아니고, 지니고 있는 능력도 아니다. 사람들은 누구나 성공을 꿈꾸며 남들과는 다른 특별한 학력, 재능, 경력, 능력을 가지기 위하여 노력하고 있다.

평범한 사람의 경우에는 학력, 재능, 경력, 능력 중에서 탁월한 부분이 유능하다고 인정받을 수는 있지만, 리더의 경우에는 학력, 재능, 경력, 능력과 같은 개별적인 가치는 큰 의미를 갖지 못한다. 리더로서 자신의 능력을 인정받기 위해서는 자신이 가지고 있는 모든 학력, 재능, 경력, 능력을 좋은 결과를 도출해내는 데 사용해야 한다.

천재는 노력하는 사람을 이길 수 없고, 노력하는 사람은 즐기는 사람을 이길 수 없다는 말이 있다. 즉 아무리 많은 능력을 가지고 있다고 하더라도 자신의 능력을 100% 발휘하지 못하면 능력은 부족하지만 최선을 다하는 사람을 이길 수 없다는 것이다. 또한 아무리 자신의 능력을 발휘하기 위하여 최선을 다하는 사람도 일을 즐기면서 하는 사람은 이길 수 없다는 것이다.

사회는 좋은 결과를 내는 사람을 원하고 있으며 그러한 사람과 같이 일하기를 원할 것이다. 따라서 성공하는 리더가 되기 위해서는 자신이 가지고 있는 학력, 재능, 경력, 능력을 바탕으로 좋은 성과를 내는 것이 중요하다.

오늘날처럼 개인, 기업, 국가가 변화와 혁신을 필요로 하는 시대일수록, 변화에 재빠르게 적응할 수 있는 새로운 리더가 필요하게 된다. 이러한 새로운 리더들이 사회의 주류가 되는 때에야 비로소 변화와 혁신을 이끌 신인류가 탄생할 것이다.

LEADERSHIP

05

비전과
행복 사이

비전을 갖지 못하면 우리의 삶은 막연히 남들을 따라하는 삶을 살든지, 마지못해 어쩔 수 없는 삶을 살게 된다. 그러나 비전을 가지면 경우가 달라진다. 삶의 목표가 생기면 우리의 인생은 즐거울 수밖에 없다. 우리는 지금 하고 있는 일 자체에 목적을 두지 말고, 일을 통해 어떤 목표를 달성하려는 비전을 세워야 한다.

비전이 없는 삶은 죽은 것과 다를 바가 없다. 비전이 있으면 정확한 목표가 있기 때문에 목표를 달성하는 일이 고되고 힘들어도 즐겁다. 그러나 비전이 없으면 하는 일에 목표가 없으므로 재미가 없다. 또한 마지못해 억지로 해야 한다는 수동적인 자세로 일을 대하기 때문에 성과도 부진할 수밖에 없다. 요컨대 비전이 있으면 자신의 꿈을 실현하기 위해서 살아가기 때문에 우리의 인생은 자연히 행복해진다.

미국의 샌프란시스코에 있는 리츠칼튼 호텔에서 있었던 일이다. 리츠칼튼 호텔에서 근무하는 사람들이 매우 많았는데 그중에서 객실을 청소하는 역할을 담당한 버지니아 아주엘라라는 여성 직원이 있었다. 대부분의 사람들은 그녀를 굳은 일이나 하는 청소부라고 무시했지만 그녀는 자신의 일이 손님들에게 깨끗한 환경을 만들어 기쁨을 주는 서비스를 제공하는 일이라고 생각하고 즐거워하였다. 그는 자기 일에 대한 긍정적인 생각을 가지고 손님들에게 자신만의 독특한 방법으로 감동을 주자는 비전을 가지게 되었다. 그래서 그녀는 자신이 서비스한 객실의 고객들에 대한 특성과 습관을 일목요연하게 정리하여 두고 그 고객이 다시 호텔에 방문하였을 때 취향에 맞는 객실 서비스를 제공하여 고객들에게 감동을 선사하였다. 후에 그녀는 호텔 종사원에게 주어지는 가장 영예로운 상을 수상하게 되었다.

만약 그녀가 남들이 생각하는 대로 궂은일이나 하는 청소부라고 자신을 창피하게 생각하거나 쑥스러워했다면 그는 평생을 힘든 청소부 역할만 해나갔을 것이다. 그리고 자신의 어려운 인생을 비관만 하면서 살아갔을 것이다. 그러나 그녀는 똑같은 청소부 역할이었지만 손님을 즐겁게 하는 것이 가치 있는 일이라고 생각하고 손님들을 즐겁게 해야겠다는 비전을 가졌다. 비전을 가지고 청소를 하니 일 자체가 그녀에게 행복을 가져다주었다. 뿐만 아니라 비전을 가지게 됨에 따라 구체적인 전략을 갖고 손님들에게 감동을 줄 수 있는 방법을 실천함으로써 가장 영예로운 상도 받을 수 있었다.

이처럼 버지니아 아주엘라는 남들에 비해 보잘것없는 직업을 가지고 있었지만 비전을 가지고 있었기 때문에 남들보다 행복한 삶을 살 수 있었다.

리더에게 반드시 필요한 비전

성공은 우연히 찾아오는 것이 아니다. 성공은 언제나 미리 준비하는 사람의 것이다. 기대도 하지 않았는데 무턱대고 성공이 찾아오는 법은 없다는 말이다. 성공을 기대하지 않는 사람에게는 성공이 찾아와도 그것이 성공인지를 모르고 지나가는 경우가 대부분이다. 따라서 명확한 비전을 가지고 준비된 자세로 있어야 성공할 수 있다.

누구나 큰 비전을 가지면 더 크게 성장할 수 있다. 성공하는 삶역시 항상 커다란 비전과 함께 시작된다. 사람의 크기를 결정하는 것은 비록 환경이지만 어떠한 환경을 선택할 것인가 하는 것, 즉 우리 스스로를 어항에 머물도록 할 것인지 커다란 강으로 인도할 것이지 결정하는 것은 바로 우리 자신에 달려 있다.

비전과 목표는 누군가 자신의 손에 쥐어 주는 것일 수도 있고, 스스로 그것을 바로 세울 수도 있다. 한 번도 비전을 어떻게 설정해야 하는지를 배워 본 적이 없는 사람에게는 비전을 달성하는 것 이상으로, 자신의 비전을 찾는 방법을 아는 것이 쉽지 않다. 왜냐하면 자신의 마음속 깊이 인정하지 않은 비전과 목표의 경우 달성하기도 쉽지 않을 뿐더러, 달성한다고 해도 행복하지 못하기 때문이다.

여기서 중요한 것은 성공을 꿈꾸는 개인과 조직의 비전은 현실적이어야 한다는 사실이다. 그저 추상적이고 희망적이기만 한 단어들의 나열이라면 그러한 비전은 현실과 동떨어질 수밖에 없다. 성공하기 위해서는 먼저 자신을 비롯한 조직의 현실을 정확히 인식해야 한다. 나아가 미래에 대한 변화의 방향을 예상하고 비전을 수립하는 것 또한 매우 중요하다.

성공하기 위하여 비전을 세웠다면 그 비전을 달성하기 위하여 어떤 종류의 노력이 얼마만큼 필요한가라는 명확한 목표를 세워야 한다. 명확한 목표에 부합하는 구성 요인들을 계획하고 분석하면 그만큼 목표를 잘 달성할 수 있다.

비전과 성공은 비례한다

비전을 설정하기 위하여 해야 하는 노력은 큰 비전이나 작은 비전이나 같다. 그러니 비전은 크게 가지면 가질수록 좋다. 역사 속에는 커다란 비전을 가졌기 때문에 자신의 성공은 물론 세계를 변화시킨 인물들이 많다. 그중에서도 칭기즈 칸만큼 커다란 꿈을, 그리고 이를 실현시킨 사람은 많지 않다.

칭기즈 칸은 워싱턴포스트 지에서 "세계를 움직인 가장 역사적인 인물" 중 첫 번째로 뽑히면서 역사 속에 새롭게 등장하였다. 그는 혹독한 역경을 딛고 일어서서 개방적이면서도 카리스마가 넘치는 리더십을 가지고 세계를 지배하였다. 또한 그가 세운 세계 정벌 기록은 누구도 깨기 어렵게 하였다. 그래서인지 칭기즈 칸을 주인공으로 하는 TV 프로그램이나 서적이 등장하면서 칭기즈 칸의 리더십에 대하여 관심을 가지는 사람들이 늘어가고 있다.

칭기즈 칸의 성공은 그냥 이루어진 것이 아니다. 수많은 역경과 고난 속에서도 그는 항상 준비된 리더였다. 그는 개방적 사고로 능력만 있으면 노예나 외국인을 가리지 않고 중용하였다. 성과가 있는 장병에게는 똑같이 상을 나누어 주었다. 황제였지만 왕궁을 짓지 않고 천막에서 비단 옷을 입지 않은 채로 백성들과 같은 생활을 하였다. 아버지와 형의 마음으로 국민들과 나라를 통치하였다. 가족이나 친척들도 법을 어기면 엄격하게 법을 적용하였으며, 항복하는 나라는 우방이 되었으나 저항하는 나라에게는 잔혹한 정벌자가 되었다.

그러나 이러한 리더십보다 칭기즈 칸을 더욱 빛나게 한 것은 커다란 비전을 소유하였다는 것이다. 칭기즈 칸은 일찍이 과거에도 없었고 누구도 가능하리라고 생각하지 않았던 것을 가능하게 만든 대단한 비전을 소유하였다. 자신의 목표를 공동의 목표로 만들어 목표가 달성되기가 무섭게 곧 다음의 새로운 공동목표를 만들어 쉬지 않고 달리도록 그의 부족을 이끌어 갔다. 그리고 그 비전은 나라를 만드는 것, 주변국가로부터의 위협을 없애는 것, 아예 중원을 경영하는 것, 나아가 천하를 통일하는 것, 그리고 그 천하는 중국 땅을 넘어 사람이 살고 있는 모든 땅으로 계속 커져만 갔고 그 꿈들을 하나씩 하나씩 실현시켜 나갔다.

칭기즈 칸은 자신의 꿈을 실현시키기 위하여, 병사들과 백성들에게 멀티 플레이어가 되어야 적은 인원으로 멀리 있는 큰 나라들을 정벌할 수 있다는 것을 가르쳤다. 그래서 빠른 속도를 낼 수 있는 기마병 위주로 군을 편성하고 멀티 플레이어 장병들을 육성하여 세계 정벌의 꿈을 이룬 것이다. 국민들은 불가능하다고 생각한 세계 정벌을 칭기즈 칸은 자신의 리더십을 발휘하여 실현 가능한 꿈으로 국민들의 인식을 바꾸었다. 칭기즈 칸의 성공 비결은 자신이 세운 커다란 비전을 공유함으로써 국민들에게 희망을 주었다는 것이다. 칭기즈 칸의 리더십은 오늘날을 살아가는 우리에게도 반드시 필요한 리더십이라 할 수 있다.

칭기즈 칸의 비전은 세계를 정복하겠다는 커다란 꿈이었다. 이처럼 그가 커다란 비전을 가졌기 때문에 세상을 정복하여 세계 역사상 가장 위대한 정복자가 될 수 있었다.

비전을 가지고 있는 사람의 출발점은 언제나 현재이다. 인생의 최종목표를 설정한 사람은 현실로 돌아와서 현재의 상황을 분석하고 새로운 출발을 해야 한다. 비전이 크면 클수록 가장 먼저 자신의 현실에 충실해야 한다. 현실에서 게으르고 나태하면서 무언가 큰일을 이룰 수 있기를 기대하는 사람은, 비전을 가진 사람이 아니라 망상에 사로잡혀 있는 사람에 불과하다.

포기하지 말라

비전을 세우고 그것을 달성하기 위해 포기하지 않고 나아가면 꿈은 꼭 실현될 수 있다. 비전이 있기 때문에 인생의 목표가 생기고 그 목표를 향해서 도전하면 결과는 비전의 실현으로 나타나기 마련이다. 에스티 로더는 어릴 때부터 여성들을 아름답게 만들어야겠다는 비전을 세우고 그 비전을 실천하여 결국 오늘날과 같은 세계적인 화장품의 대명사인 '에스티 로더'라는 회사를 만들었다. 이 회사에서 나온 수많은 화장품으로 인해 세계 여성들의 희망을 이루어주고 있다.

에스티 로더는 미국의 세계적인 화장품 기업 '에스티 로더'의 창업주로 '세계 화장품 업계의 거장' '세일즈의 귀재'로 불린다. 에스티 로더는 미국 퀸즈(Queens)에서 8자매 중 6번째로 태어났다. 어릴 때부터 친구들에게 화장해 주는 것을 좋아하면서 평생 사람들을 아름답게 만들어야겠다는 비전을 갖게 되었다. 에스티 로더는 어릴 때 피부과 의사였던 삼촌이 개발한 화장품을 보면서 화장품을 만들어야겠다는 비전을 세웠다. 에스티 로더는 삼촌에게 자신의 비전을 말하고 화장품 제조 지식을 전수받아 함께 만든 클렌징 제품을 시작으로 집에 작은 연구실을 만들고 본격적으로 화장품을 만들기 시작했다.

에스티 로더는 평소 단골이었던 미용실의 작은 코너에서 직접 만든 화장품을 판매하기 시작했다. 에스티 로더는 뷰티 살롱 손님들 얼굴에 직접 자신이 만든 화장품을 발라 주었고, 우수한 제품력과 적극적인 마케팅으로 드디어 사업이 번창하기 시작했다. 그녀는 유대계 본명인 조세핀 에스터 로터를 부르기 쉽고 기억하기도 쉬운 에스티 로더로 개명한 후, 브랜드 이름 또한 자신의 이름과 똑같이 에스티 로더로 확정했다.

제2차 세계대전이 끝나자 에스티 로더의 제품은 뉴욕의 많은 미용실에서 인기를 끌었다. 이에 에스티 로더는 본격적으로 남편과 함께 뉴욕 맨해튼에 사무실을 열고, 1946년 '에스티 로더 코스메틱스'라는 이름의 회사를 설립했다. 이후 수많은 화장품을 개발하여 세상의 여성들에게 예뻐지고 싶은 욕망을 자극시켰다.

에스티 로더는 "아름다운 여성이란 항상 건강하고 윤기 있는, 자연스러운 피부를 가지고 있어야 한다. 건강이란 육체적 건강과 정신적 건강 모두를 말한다."라고 주장하였다. 또한 에스티 로더는 단순히 아름다워지는 것이 아니라, 현재의 아름다움을 앞으로도 유지할 수 있다는 것을 여성들에게 보여주고 싶어 했다. 에스티 로더는 아름다움이란 건강한 피부에서 시작한다는 철학을 실천하기 위해 R&D 투자에 주력을 다하고 있다. 이처럼 여성의 건강과 피부를 동시에 말하는 에스티 로더의 철학처럼 에스티 로더 브랜드는 '피부에 관한 기초 과학'을 지향하고 있다.

뿐만 아니라 에스티 로더의 며느리, 에블린 로더는 수익의 일부를 여성들에게 돌려주기 위해서 유방암 예방 및 치료법 개발을 위해 비영리 재단인 유방암 연구 재단을 설립했다. 연구재단에서는 지난 20여 년간 전 세계 70여 개국에서 진행되는 '유방암 의식 향상 캠페인'을 통해 530억 원(4,800만 달러) 이상을 유방암 연구 및 의료 서비스를 위해 지원하며 사회 환원에 힘쓰고 있다.

흔히 사람들은 자신이 처한 현실을 부정적으로 생각하는 경우가 많다. 그래서인지 사람들은 자신의 처지를 한탄하며 자신의 환경이 비전을 세우는 데 단점으로 작용한다고 생각한다. 그들은 스스로 비전을 세우는 것을 두려워해서 포기하기도 한다. 그러나 비전은 누구든 세울 수 있다. 다만 비전을 설정하였다고 해서 꼭 성공하는 것은 아니다. 비전은 그것을 갖고 꾸준히 도전한다면 언제든 이루어질 수 있는 것이다.

두려워하지 말라

사회나 국가의 희망은 사회 구성원들이 꿈을 가지고 있느냐에 달려 있다. 마찬가지로 한국 사회가 건강해지려면 젊은이들이 꿈을 가져야 한다.

최소한의 시간만 투자한다면 누구든 충분히 비전을 세울 수 있다. 자신을 믿고 스스로를 긍정적으로 생각한다면 무엇이든지 할 수 있다는 생각을 가질 수 있다. 그러면 자연적으로 비전이 생기고 그것을 실현하면서 도전의식이 생겨 성공에 이르게 된다.

일반적인 사람들의 경우를 살펴보면, 살면서 큰 비전을 갖지 않았기에 평범한 삶을 살고 있으며 비전을 세우기보다는 하루하루에 만족하는 생활을 하고 있다. 그러다 보니 큰 비전이 필요 없는 것이다. 때로는 비전을 세웠다가 현실적인 문제나 자신의 나태함으로 인하여 중도에 포기하는 경우도 있다. 이러한 경험은 다시 비전을 세우는 것에 대하여 불편한 생각을 가지게 만들기도 한다.

대부분의 사람들은 세상을 살다보면 숱한 고난과 어려움을 겪게 되고 자신의 의지와 상관없는 불행의 도전을 받아야 한다. 어느 누구도 그러한 삶을 기대하지 않지만 그것은 불가항력적이다. 이러한 삶의 고비를 줄이기 위해서도 반드시 비전을 세워야 한다. 비전을 세우는 것이 세우지 않는 것보다 성공에 이르는 확률이 높다.

성공한 사람들은 불가능해 보이는 일들을 충분히 이룰 수 있는 일로 판단하는 경우가 종종 있다. 이는 평범한 사람들과는 세상을 보는 안목과 접근 방식이 다르기 때문이다. 콜럼버스가 달걀을 세운 것처럼, 정주영 회장의 물막이처럼 다른 사람들이 어려워하는 것들을 성공한 사람들은 아주 간단하게 성공을 이루어내고 있다. 그러나 성공한 사람들은 로또에 당첨되듯 바로 만들어지는 게 아니라 오랜 기간 동안 고생하며 준비를 해 왔다는 것을 알아야 한다.

긍정의 힘

탈무드에 이런 말이 있다. 아버지가 아들에게 말했다. "사람의 마음에는 두 마리의 늑대가 있단다. 하나는 긍정적인 생각을 하고 행동을 하게 하는 늑대이고, 하나는 부정적인 생각을 하고 행동을 하게하는 늑대란다." 그 말에 아들이 아버지에게 물었다. "그럼 결국에는 누가 이겨요?" 아버지의 대답은 "네가 먹이를 주는 쪽이 이긴다." 결국이 말은 긍정적인 생각을 하면 긍정적인 행동으로 이루어지고, 부정적인 생각을 하면 부정적인 행동이 이루어진다는 것을 말한다.

조엘 오스틴의 《긍정의 힘》을 보면 사람은 믿는 대로 된다고 하였다. 우리가 긍정적인 생각으로 세상을 보면 모든 것이 긍정적이고 행복해 보이나, 부정적인 생각으로 세상을 보면 모든 것이 부정적이고 불행해 보인다.

요컨대 비전을 세워서 그것을 달성하느냐 못하느냐는 자신의 비전을 긍정적으로 보느냐 부정적으로 보느냐의 차이에 달려 있다. 따라서 비전을 달성하기 위해서는 꼭 달성할 수 있다는 긍정의 힘으로 무장한다면 분명히 우리의 꿈이 이루어질 것이다.

삶은 스스로가 만들어 가는 것이다. 마찬가지로 긍정적으로 생각하는 습관을 기르다 보면 작은 습관들이 모여 결국엔 자신을 긍정적으로 만들 수 있다. 알게 모르게 세월이 지나면 자신의 습관이 스스로를 얼마나 변하게 했는지 알 수 있을 것이다. 10년쯤 지나고 나면 작지만 좋은 습관들을 만들어 가는 성공자의 삶을 살게 될 것이다. 항상 긍정의 눈으로 세상을 보는 습관, 항상 긍정의 말만 하는 습관, 남에게 뭔가 주는 것을 기뻐하는 습관, 문제만 제시하지 않고 대안도 제시할 줄 아는 습관, 그런 습관들을 만들며 승자의 삶을 살아보라. 선택은 자유다. 긍정적인 생각으로 행복한 삶을 살 것인지, 부정적인 생각으로 불행한 삶을 살 것인지.

전략이 필요해

일단 성공을 경험하면 우물 밖으로 나오려는 개구리처럼 비전을 세우고 도전을 실천하게 된다. 그러나 실천 전략을 마련하지 않고 무작정 도전한다면 수많은 시행착오를 거치게 되어 상처 속에 영광을 얻을 수 있거나, 실패할 수도 있다.

따라서 비전을 달성하려면 확실한 실천 전략이 있어야 한다.

• 비전 실천을 위한 핵심 성공요소를 파악한다.

비전을 실천하기 위한 핵심 성공요소가 무엇인지를 파악하는 것은 비전을 실현하는 데 매우 중요한 역할을 한다. 어떠한 비전이냐에 따라 각기 다른 접근 방법을 선택하여야 한다. 접근 방법이 결정되면 성공하기 위한 핵심요소가 무엇인지를 파악해야 한다. 성공을 위한 핵심요소에는 인맥, 노력, 경력이 있다. 이러한 접근 방법과 핵심요소가 결정되면 다음은 어떻게 실행할 것인가의 문제를 선정해야 한다. 어떻게 실행할 것인가에 대한 판단은 "최선을 다할 것인가, 대충할 것인가, 때를 기다릴 것인가, 지금 할 것인가 아니면 나중에 할 것인가" 등이 있다.

• 비전 실천을 위한 장애물을 제거해야 한다.

비전을 실천하기 위해서는 비전을 실현시키는 데 도움이 되지 않는 것들을 최대한 제거해야 한다. 비전은 큰데 비전 실현을 위해 최선을 다하지 않으면, 설사 목적을 달성할 수 있다고 하더라도 최고는 될 수 없다. 따라서 자신의 비전을 실천하는 데 장애물이 되는 단점이나 한계 등을 제거하여야 한다. 한 가지 일에 집중하지 못한다든지, 자신감이 결여되었다든지, 실천의지가 없다든지, 두려움이 없다든지 하는 장애물을 제거하지 못하면 비전 전략 계획은 의미가 없다.

• 비전과 전략을 공유한다.

비전과 전략을 주변에 있는 지인들과 공유하면 더욱 비전은 커지며 전략은 더욱 공고히 된다. 내가 세운 비전이지만 주변 사람들과 공유하면 주변 사람들과 상호작용을 통해 애초에 가졌던 비전은 점차 확고해지면서 커진다. 전략을 공유하면 주변으로부터 일관성 있는 관심과 후원을 얻을 수 있어 비전을 실천하는 데 도움을 준다. 또한 주변에서 전략을 같이 하고자 하는 인맥들이 구성되어 자신이 실천하고자 하는 비전에 도움을 받을 수 있다.

 • 전략의 주기적인 평가는 성공을 빨리 오게 한다.

자신이 세운 전략에 대한 주기적인 평가는 자신의 비전을 더욱 활기차게 만든다. 비전의 공고화는 성공에 이르는 길을 짧게 해준다. 전략에 대한 주기적인 평가는 자신이 세운 전략이 일정한 기간이 경과한 뒤에 얼마나 달성했는가를 평가하는 것이다. 자신이 설정한 측정 기준에 따라 주기적으로 전략의 실행 정도를 종합적인 평가함으로써 비전이 얼마나 실행되고 있는가를 평가할 수 있다. 이는 전략 실행 정도, 자신의 정신 자세, 환경의 변화 등 최종 목표를 실현하기 전에 자신의 비전을 실행할 수 있는 역량 수준을 파악할 수 있게 한다. 또한 자신의 비전을 실행할 수 있는 역량 수준을 파악함과 동시에 목적했던 성과로 연결되는지를 파악할 수 있게 한다. 그리고 지금까지 해온 전략 실행이 잘못된 방향으로 가는 왜곡현상을 막아 준다.

06

윤리경영의
필요성

최근 전 세계적으로 기업 윤리에 대한 관심이 부쩍 커졌다. 이에 따라 윤리경영의 중요성에 대한 인식은 점점 강화되고 있다. 우리나라에서도 최근 윤리경영이라는 세계적인 흐름에 부응하여 정부나 기업에서 국제 상거래 뇌물방지법 및 부패방지법 제정, 기업 경영의 투명성 확보 등과 같은 형태로 기업 윤리 확립을 위해 힘쓰고 있다. 이러한 노력의 결과 윤리경영의 중요성에 대한 인식이 점점 강화되고 있다.

하지만 윤리경영을 실천하는 일은 생각만큼 쉽지 않다. 윤리경영이 기업에서 제대로 실현되기 위해서는 경영자의 올바른 이해와 구체적인 노력이 뒤따라야 한다.

우리나라보다 먼저 윤리경영 확립을 위해 노력해 온 미국에서도 윤리적인 기업은 종업원, 고객, 지역 사회, 주주들로부터 존경과 신뢰를 얻게 되는데, 이것은 기업의 눈에 보이지 않는 자산이 된다. 세계 1위의 식품업체 Nestle는 윤리와 투명성이 소비자의 신뢰를 얻는 가장 좋은 방법이라는 것을 일찌감치 깨달은 기업이다. 세계 최초로 분유를 개발, 판매하기 시작한 Nestle는 1960년대 개발도상국 시장에서 위생 관념 부족으로 아이들이 병에 걸리는 문제가 생기자 대규모 마케팅 축소 정책을 실시하고 의료 기관을 통해서만 분유를 공급하기로 결정했다. 이러한 결정은 식품회사 Nestle의 투명한 이미지를 소비자들에게 각인시키고 이후 강력한 브랜드 파워를 구축할 수 있는 계기가 되었다.

존슨 & 존슨은 1999년, 2000년 연속으로 월스트리트 저널이 선정하는 '미국의 존경 받는 기업 1위'에 꼽힌 기업으로서 윤리경영으로 성공을 거둔 대표적인 사례로 꼽힌다. 존슨 & 존슨에서는 지난 1982년 미국 시카고에서 주력 제품인 타이레놀을 복용한 사람 7명이 사망한 사건이 발생했다. 이 회사는 발 빠르게 '고객에 대한 책임'을 명시한 '우리의 신조'에 따라 행동했다. 존슨 & 존슨은 시카고 지역 제품만 수거하라는 미국식품의약국(FDA) 권고를 뛰어넘어 전국에서 약 3,000만 병, 1억 달러 어치의 타이레놀을 전량 회수했다. 또 "사건 원인이 규명되기 전에는 타이레놀 제품을 절대 복용하지 말라"고 소비자들에게 대대적으로 홍보했다. 당시 타이레놀은 이 회사의 연간 매출액의 7%(3억 5,000만 달러), 이익의 17%를 차지하는 주력 상품이었던 점을 감안할 때 이러한 조치는 상당한 불이익을 감수한 결정이었다. 사건 직후 35%였던 시장점유율은 7%까지 떨어졌으나 3년 만에 제자리를 회복했다. 결국 소비자들이 존슨 & 존슨의 윤리적 태도를 신뢰하는 쪽으로 기운 것이다.

요컨대 세계적인 추세인 윤리 경영에 실패하는 기업들은 도태되거나 사람들의 외면을 받을 수밖에 없다. 기업의 윤리 경영은 최고 경영자들만의 책임으로 돌리기 어렵다. 따라서 기업을 이끄는 리더인 CEO들의 도덕적 리더십이나 직원들의 도덕성에 대해서도 관심이 점차 증가하고 있다.

윤리의식과 성공

성공한 사람들이 윤리문제를 쉽게 생각하는 이유는 무엇일까? 대부분 성공한 사람들은 전문성과 실력을 인정받아 리더가 되었지만 그들이 모두 조직을 성공으로 이끄는 것은 아니다. 한 치 앞을 내다볼 수 없는 시장 속의 기업을 험난한 바다 위의 배에 비유한다면, 명석한 리더는 어떤 시련에도 굴하지 않고 정해진 목적지를 향해서 항해를 계속해 나가는 노련한 조타수에 해당한다.

어려운 환경 하에서 모든 기업들이 어려움에 직면할지라도 주어진 목표를 향하여 어떻게 나아가야 될지를 제시해 줄 수 있는 리더만 있다면 어떤 어려움도 극복할 수 있다고 기대하기 때문이다. 그러나 능력 있는 리더들도 실패를 하는 경우가 많다.

능력 있는 리더들이 실패하는 이유는 여러 가지가 있겠지만 그 중에서 가장 중요한 문제로 등장한 것은 윤리 의식과 관련한 것들이다. 리더들의 윤리성이 결여된 비이성적 행동이나 판단으로, 한 기업이나 조직은 물론이고 나라를 망하게 하는 경우를 어렵지 않게 찾을 수 있기 때문이다.

브라질의 여성 대통령인 지우마 호세프는 민주화 운동에 참여하여 오랫동안 수감생활을 거쳐 룰라정부에서 에너지장관, 정무장관을 지냈으며, 2010년 10월 브라질 역사상 최초의 여성 대통령으로 선출되었다. 과감한 정책 추진력으로 인해 '브라질의 대처' '철의 여인'이라고 불리며 브라질 국민들의 희망이 되었다. 그러나 재정 적자를 숨기기 위해 회계장부를 조작했다는 의혹 및 석유공사 비리 문제에 연루되어 2016년 8월 탄핵되었다.

성공한 리더라고 일컬어지는 이들이 눈앞의 이익에 급급하여, 윤리 문제를 무시한 사건들이 일어나고 있다. 이는 리더 혹은 기업인으로 갖춰야 할 윤리 의식이 결여될 경우, 한 조직이나 기업을 존폐의 위기로 몰고 갈 수 있음을 알 수 있다. 때문에 리더로서 오랫동안 성공하기 위해서는 윤리의식이 절대적으로 필요하다.

역사 속 윤리의식

우리의 역사 속에도 윤리적인 삶이 무엇인지에 대해 잘 알 수 있는 대표적인 표상인 분이 있다. 바로 황희 정승이다. 비록 시대적으로는 차이가 있지만 이분의 삶을 모델로 우리가 살아간다면 살아서도 존경을 받지만 죽어서도 존경받는 사람이 될 것이다.

조선 초기 60여 년을 관직에 있었고 영의정을 18년이나 지낸 황희 정승은 동시대의 맹사성과 함께 청백리의 귀감으로 후대의 존경을 받고 있으며 특히 황희 정승에게는 수많은 일화들이 전한다.

고려조의 문과에 급제하여 벼슬길에 올랐다가 30세(1392) 되던 해에 이성계의 역성혁명이 일어나자, 두 임금을 섬기지 않겠다는 72현과 함께 두문동으로 들어갔던 황희는 "젊은 자네는 나가서 불쌍한 백성들을 위해 일하라"는 선배들의 간곡한 권유로 두문동을 나와 새로운 정권에 참여했다. 반대 인사였다는 질시 속에 빛을 보지 못하고 있다가 태종이 등극한 후로 형조, 예조, 병조, 이조의 정랑을 거쳐 도승지의 전신인 지신사가 된 43세경부터 자기 소신을 펴기 시작했다. 그 후 공조, 병조, 예조, 이조판서를 두루 역임하면서 태종과 함께한 18년, 다시 세종과 함께한 27년, 그동안 우의정, 좌의정을 거쳐 영의정을 18년이나 하면서 법률과 제도를 정비하고 내치에 힘써 태평성대를 이룩함으로써 세종대왕의 한글창제 등 위업을 달성할 수 있게 했다. 세종 31년(1449) 87세 되던 해에 60여 년간의 관직생활에 종지부를 찍고 영의정 자리에서 물러났다. 3년 후 90세로 한양의 석정동 자택에서 세상을 떠났다.

세상을 떠나기 전에 왕이 문병을 왔다고 한다. 그런데 재상을 20년 넘게 지낸 90노인이 멍석자리 위에 누워 있었다. 이를 본 왕이 깜

짝 놀라 이럴 수가 있느냐고 하자 그는 태연하게 "늙은 사람 등 긁는 데는 멍석자리가 십상입니다." 라고 했다고 한다.

조선 최고의 재상으로 60여 년을 보낸 황희 정승은 노후에 청렴한 삶을 살았다. 우리의 역사 속에서 중요한 역할을 수행한 명재상의 삶이 이렇다면 존경하지 않을 사람이 있겠는가? 요즘 작은 이익을 위해서 자신의 윤리를 잃어버리는 사람들이 새겨들어야 할 일화일 것이다.

욕심을 경계하라

사람의 욕심이란 끝이 없어서 돈을 가지면 명예를 갖고 싶어 하고, 명예나 권력을 가지면 돈을 갖고 싶어 한다. 그러나 사회적인 윤리의식은 명예나 권력을 가진 사람들이 돈을 지나치게 추구하는 것을 경계한다. 따라서 돈과 명예, 권력은 서로가 대치되는 개념으로 생각하여 명예나 권력을 가진 사람이 돈을 너무 원하면 윤리적으로 문제가 되는 경우가 많다.

한때 현대의 정주영 회장은 우리나라에서 최고의 기업을 선도하는 최고경영자로서 성공의 상징처럼 존경을 받았다. 당시 정 회장은 부에 있어서 우리나라 최고였으나 권력을 갖고 싶어서 대통령 선거에 출마를 하게 되었다. 결국 정 회장은 선거에서 참패를 하고 선거 이전까지 존경받는 기업인이라는 명예가 많이 희석되었다.

정치인들이나 고위 공직자들이 큰 권력을 가졌음에도 불구하고 경제적인 부를 축적하다 보니 사회적인 물의를 일으켜 사회적으로 매장되어 가지고 있던 권력도 잃게 되는 경우가 많았다. 많은 사람들이 남들이 부러워하는 권력을 가졌으면서도 돈에 대한 욕심을 버리지 못하여 자신의 권력을 잃게 되는 경우가 많다. 이처럼 사람들의 욕심은 끝이 없다.

그러나 이제는 욕심을 버려야지만 자신이 가졌던 부, 명예, 권력 중에서 하나라도 온전히 지킬 수 있는 시대가 되었다. 이러한 교훈은 오히려 평범한 사람들에게 꼭 필요하다. 그들에게는 더욱 유혹의 손길이 많기 때문이다. 작은 이익을 탐하려다 본인이 원래 수행해야 하는 가치를 망각해서 망신살이 뻗치거나 일자리를 잃는 경우가 비일비재하기 때문이다.

도덕지수(Moral Quotient)를 높여라

오늘날 기업에서 요구하는 인재상은 도덕성을 갖춘 사람이다. 윤리 경영을 위해 도덕성 높은 사람들이 기업경영에 반드시 필요하기 때문이다. 그래서 많은 사람들이 도덕성을 높이기 위한 노력에 관심을 가지고 있다. 도덕성을 높이기 위한 방편으로 도덕지수를 높이는 분위기이다.

도덕지수는 얼마나 착하고 양심적인가를 측정하는 지수이다. 도덕지수의 향상은 어린아이 때 시작되어 초등학교 시절에 거의 완성된다고 한다. 도덕지수의 개발은 실생활에서 사람들과 부딪히며 훈련을 통해서 쌓아야 한다. 학교에서 배우는 규칙적인 암기나 학교수업을 통한 학습이나 집 안에서의 가정교육은 도덕지수 훈련에 전혀 도움이 되지 않는다.

도덕지수는 사회생활에서 부모나 다른 사람의 행동을 모델로 삼아 스스로 판단하면서, 올바른 것이 무엇인가를 깨닫는 과정에서 습득되기 때문이다. 부모가 말로는 도덕을 강조하지만 아이 앞에서 질서를 어기거나 도덕적으로 어긋난 행동을 한다면 아이의 도덕의식은 상처를 입게 된다. 도덕의식에 상처를 입게 되면 아이들은 두 개의 가치관을 가지게 되어 머릿속에서는 도덕을 지켜야 한다고 생각하지만 실제 행동에 있어서는 부모와 같이 질서나 규칙을 위반하게 된다.

유명해져서 성공한 사람들이 윤리 문제로 자신의 인생행로를 관리해야 하는 이유는 그들이 반드시 잘못을 저질러서가 아니다. 다른 사람의 모범이 될 만큼 윤리규범을 엄격히 지키지 못할 때는 사회 전반에 미치는 파장이 크기 때문이다.

성공한 사람의 권한이나 명예가 크면 클수록 그 사회적 책임도 무겁기 마련이다. 대다수의 국민들은 사회적으로 성공한 사람들의 삶의 모습을 보고 인생의 모델로 삼아 따라하거나, 생활신조로 삼는 경향이 있다. 요컨대 사회적으로 성공한 사람들의 말 한 마디나 행동 하나는 국민 전체에게 미치는 영향이 크다고 볼 수 있다.

한 국가나 한 사회, 한 조직의 건강도는 구성원들의 도덕지수에 있다고 해도 과언이 아니다. 건강한 사회를 만들기 위해서 모든 국가들은 어려서부터 도덕교육을 받을 수 있도록 하고 있다. 우리나라는 초등학교에서 도덕교육의 중요성을 인식하고 교육을 시키고 있으나, 고등학교에 들어서게 되면 입시경쟁 위주의 교육이 진행됨으로 인하여 도덕 교육에 대하여 신경을 쓰지 못하게 된다. 차츰 사회 구성원들은 성인이 되면서 사회 속에서 도덕 불감증으로 살게 되는 경우가 많다. 그러다 보니 도덕과는 상관없는 삶을 살게 되고 사회의 치열한 생존경쟁만을 배워 자신의 이익을 위하여 물불 가리지 않는 현상이 생겨나게 된 것이다. 성공하고 나면 예전에 자신의 이익을 위해 행한 도덕적이지 못한 행동들이 문제가 되어 구설수에 오르기 십상이다. 자칫 심하면 바닥끝까지 추락하는 원인이 되기도 한다.

따라서 사회적으로 크게 성공하고 또한 그 성공이 오랫동안 유지되기 위해서는 도덕성을 길러야 한다. 많은 전문가들은 도덕성을 높이는 적절한 시기로는 2, 3세부터로 그때부터 도덕 교육이 시작되어야 한다고 주장한다. 그러나 성인이 되어서도 성공하기 위해서는 도덕성을 높이기 위한 노력을 꾸준히 해야 한다. 성인들이 도덕성을 높이기 위한 방법으로는 다음과 같은 것들이 있다.

첫째는 사회학습 이론가들이 주장하는 바로서, 도덕적인 행동이 습관이 되도록 하거나 타인의 도덕적 행동을 관찰할 수 있는 기회를 부여하여 모방행동이 많이 일어나도록 하는 것이다. 예를 들면, 도덕적으로 완벽한 사람들의 삶의 방식이나 행동 모습을 보고 그의 행동을 모방하는 것이다. 이러한 모방을 통해 규칙을 잘 지키고 다른 사람을 먼저 배려하게 되면 자신에게 습관이 되어 도덕지수가 높아진다.

둘째는 인지이론가들이 주장하는 바로는, 수시로 가치가 변화하는 사회 속에서 이에 합당한 도덕적 행위를 할 수 있도록 상황을 정확히 판단할 수 있는 능력을 키워야 한다는 것이다. 도덕적 판단 능력은 지적인 능력에 비례한다. 따라서 지적 능력이 높은 성인들은 도덕적 판단 능력이 높으나 그것을 합리적으로 판단하지 않고 자신의 이익과 결부하여 판단하기 때문에 문제가 된다. 그러나 도덕지수를 높이기 위해서는 자신이 하는 모든 행동에 대하여 무의식적으로 하지 행동하지 말고 어떤 행동을 했을 때 사회적 규범에 일치하느냐, 일치하지 않느냐를 합리적인 생각하는 판단해야 한다. 이러한 도덕적 판단이 습관이 되면 자연적으로 사회적 규범에 맞는 행동이 내면화되어 도덕지수가 높아진다.

윤리 선언의 생활화

윤리경영에 대한 관심이 많아짐에 따라 기업이나 관공서, 전문직에서도 나름대로 윤리 선언을 만들어 생활화하려고 하고 있다. 이러한 윤리 선언은 비단 구성원들에게만 필요한 것이 아니라 대외적으로 관련된 사람이나 고객들에게도 긍정적인 영향을 미치게 된다. 실제로 사람들은 윤리 선언이 없는 기업이나 조직보다는 윤리 선언을 가지고 있는 기업이나 조직에 대해서 신뢰감을 더 갖게 된다고 한다.

요컨대 사회적으로 성공을 거두기 위해서는 나름대로 자신만의 윤리 선언을 만들어서 항상 마음속에 두고 생활화하여야 한다. 자신만의 윤리 선언이 남에게 드러나지 않더라도 스스로 내면화하고 생활화하여 쌓이면 어떤 경력이나 학력보다 위대한 가치를 가지게 될 것이다. 눈앞의 조그만 욕심을 자제하는 것은 분명 힘든 일이다. 하지만 지금의 인내하는 삶이 훨씬 커다란 가치로 분명히 보답을 하게 될 것이다.

인간은 사회적인 동물이며 또한 인간이란 때론 선한 행동을 할 수 있고 때론 악한 행동도 할 수 있는 이중성이란 특성을 가지고 있기 때문에, 인간에게는 윤리라는 덕목이 반드시 필요하다. 따라서 자신의 윤리 선언을 만들어 이를 실행한다는 것은 미래의 커다란 성공을 위해서 필수적인 것이다.

오늘날 기업에서 요구하는 인재상은 도덕성을 갖춘 사람이다. 윤리 경영을 위해 도덕성 높은 사람들이 기업경영에 반드시 필요하기 때문이다. 그래서 많은 사람들이 도덕성을 높이기 위한 노력에 관심을 가지고 있다. 도덕성을 높이기 위한 방편으로 도덕지수를 높이는 분위기이다.

LEADERSHIP

07

도전은
아름답다

인생은 도전(挑戰)의 연속이다. 도전 앞에는 승리도 있고, 또한 실패도 있다. 승리는 결코 우연의 산물이 아니기도 하지만 요행(僥倖)의 결과는 더욱 아니다. 그것은 곧 피눈물 나는 노력과 도전의 결정이요, 끊임없는 투쟁의 소산이다.

칭기즈 칸은 말했다. 자신이 한계를 딛고 일어섰을 때 비로소 테무친이라는 평범한 아이에서 위대한 황제인 칭기즈 칸이 되었다고. 한계는 누가 세운 것이 아니라 자기가 만든 기준이라는 것이다. 한계라는 것은 어렵다고 생각하여 스스로 할 수 없다는 것을 말한다. 따라서 사회적 기준도 아니고 법도 아닌 한계는 스스로가 만든 것이다. 그런데도 우리는 매사에 스스로의 한계를 규정하고 자신을 이 정도밖에는 안 된다는 한계를 만들어 도전도 해보지 않고 스스로 포기하는 일이 많다.

도전은 성공을 위해 필수적인 것이다. 도전하지 않는 것에 성공이란 있을 수 없기 때문이다. 실패를 했다고 해도 실패는 우리의 삶을 구렁텅이로 몰아넣거나 모든 것을 잃게 하지 않는다. 그럼에도 불구하고 사람들이 망설이는 이유는 단지 실패했다는 사실이 두려운 것일 뿐이다. 그러나 실패도 자신의 인생을 살아가는 데 중요한 경험이 된다. 도전했을 때의 최악의 상황을 실패로 규정한다고 해도 그것은 또 한 번의 경험할 기회로 이어진다. 그러나 도전하지 않으면 우리는 실패를 경험할 기회마저 잃어버리게 된다.

흔히 우리가 알고 있는 성공한 사람들의 면면을 보면 그 만큼 실패를 했기 때문에 성공이 값어치가 있는 경우가 많다.

우리가 잘 알고 있는 토마스 에디슨도 수도 없이 많은 실패 속에서 성공을 하였다. 토마스 에디슨은 1,000종 이상을 발명했지만 많은 발명을 위해서 에디슨은 수백만 번의 실패를 거듭했다. 에디슨은 우리가 현재 사용하고 있는 전구를 완성하기 위해 9,999번이나 실패를 했다. 한 친구가 "자네는 실패를 1만 번 되풀이할 작정인가." 라고 물었다. 그러자 에디슨은 "나는 실패를 거듭한 게 아니야. 그동안 전구를 발명하지 않는 법을 9,999번 발견했을 뿐이야." 라고 대답했다. 에디슨은 매일 16시간씩 일했다. 그는 자기가 유별난 체질이 아니라, 다른 사람들이 게으르다고 생각하였다. 그는 사람들이 한정된 인생의 귀중한 시간을 너무나도 많이 수면으로 낭비하고 있다고 입이 마르도록 안타까워했다. 또한 그는 시간을 아끼기 위해 극히 작은 양의 식사를 섭취했으며, 다른 사람에게도 식사를 줄이도록 하라고 권유했다. 에디슨은 84년 생애 동안 무려 1,093개의 발명품을 남겼으며, 기록한 아이디어 노트만 해도 3,400권이나 된다. 그는 60이 넘어서도 실험에 열중하다 자신의 연구소를 모두 불태워 바닥으로 떨어졌다. 그러나 그는 좌절하지 않았다. 그는 최악의 상황에서도 자신의 도전의지를 불살라 다시 제기하는 데 성공하였다.

미국의 전설적인 홈런타자 베이브 루스(Babe Ruth)는 전에 1,330번이나 삼진을 당했지만, 우리는 그가 날린 714개의 홈런을 기억할 뿐이다.

농구의 황제 마이클 조던은 초등학교 때부터 시작해 12세에 농구의 MVP로 선정되었으나 고등학교 때는 학교 대표팀에서 탈락하였다. 그 일을 계기로 자신의 실력을 증명하기 위해 끊임없이 노력한 결과 그는 지금의 자리까지 왔다.

미국의 극작가 루이스 라모르는 100편이 넘는 서부 소설을 쓴 베스트셀러 작가이다. 하지만 그는 첫 원고의 출판을 하기까지 350번이나 거절당했다. 훗날 그는 미국 작가로서는 최초로 의회가 주는 특별 훈장을 받았다.

어린아이들은 실패가 무엇인지 모르기 때문에 결과적으로 실패를 두려워하지 않는다. 그렇기 때문에 무엇이든 행동으로 옮겨서 좋은 것들을 빨리 배울 수 있는 기회를 얻는다. 어린아이는 다치거나 상처 입는 것을 두려워하지 않기 때문에 모든 것을 빨리 배워 나갈 수가 있다. 그러나 어른이 되면서 세상을 알게 되고 어려울 것 같다는 생각에 스스로 포기한다. 불가능하다고 생각하는 것은 실제 불가능해서가 아니라 자신이 만든 기준 때문에 그렇다는 것이다. 앞에서 살펴본 바와 같이 에디슨은 '실패는 성공의 어머니'라는 말을 남기며, 결국 실패를 해야만 성공으로 이를 수 있다는 교훈을 전하고 있는 것이다.

용기를 가져라

지금까지 세상은 도전하는 사람들에 의하여 발전하였고 또 발달하였다. 새로운 것을 찾아서 탐험한 사람들에 의하여 신대륙이 발견되었고 험난한 오지의 지도가 만들어졌다. 새로운 것을 만들려는 과학자들에 의하여 우리의 삶을 지배하는 전자기기들이 탄생하게 되었다.

처음 전화기를 발명한 벨은 그의 통신 실험이 성공했음에도 불구하고 사람들은 그를 정신병자라고 생각하였다. 굳이 말로 전달해도 되는 것을 장난감 같은 기계를 만들어서 대화를 하려고 하였기 때문이다. 그렇지만 벨은 전화기를 발명하여 특허를 얻었다. 벨이 전화기를 발명하던 당시, 세계 최고의 전신회사이던 웨스턴유니언 사장은 벨이 음성전화 기술 특허를 10만 달러에 팔겠다고 제안했을 때 일언지하에 거절했다. 결국 그는 평생 부자가 될 수 있는 기회를 스스로차 버렸다. 주변 사람 대부분도 벨의 전화 발명을 '장난감'이라며 시큰둥한 반응을 보였다. 그러나 그는 벨이라는 자신의 본명을 딴 전화기계 제조회사를 차려 그동안 연구하기 위해서 쓴 돈의 몇 만 배나 더 많은 돈을 모을 수 있었다.

비행기를 발명한 라이트 형제는 훌륭한 싸움꾼이었다. 사람들은 인간이 하늘을 난다는 것이 불가능하다고 생각하였기 때문에 라이트 형제의 무모한 도전을 곱지 않은 시선으로 비난하였다. 그러나 라이트 형제는 어떤 위협에도 굴하지 않고 진실을 수호했고, 식을 줄 모르는 열의를 갖고 경청했고 유연한 사고를 가졌다. 그들은 논리적이지 않은 비난은 그냥 무시하였다. 그러나 발전적이고 건설적인 논쟁을 통해 초기의 거친 아이디어를 다듬고 구체적으로 형상화할 수 있었다. 그래서 그들은 마침내 비행기를 만들어 하늘을 날았다.

알프레드 노벨은 자신이 만든 다이너마이트 등의 폭약으로 엄청난 돈을 벌어들인 억만장자이며 노벨상을 만든 사람이다. 원래 노벨이 다이너마이트를 만든 이유는 광산에서 굴을 팔 때 사람의 힘으로 팔 수 없는 부분을 뚫을 때 쓰기 위해서였다. 원래의 목적은 평화적인 이유로 만들어진 것이다. 그러나 자신이 만든 다이너마이트가 전쟁 등에서 사람을 대량 살상하는 악마의 발명품으로 사용되자 노벨은 국제적으로 비난을 받게 되었다. 노벨은 점차 자신이 만든 폭약에 의해 희생한 사람들을 생각하게 되었다. 자신의 재산을 정리하여 노벨 재단을 만들게 했다. 그래서 그가 죽은 뒤에 노벨 재단, 노벨상 등이 만들어졌다.

이처럼 지금껏 세상을 이끌어 가는 사람들의 삶은 순탄하지 않았다. 그들은 나름대로 노력을 다했지만 그들의 주변에서는 수많은 질타를 보내기도 했다.

똑똑한 사람은 자신이 원하는 것을 얻기 위해 노력하고 결국은 쟁취하는 경우가 많다. 현명한 사람이 되기 위해, 다른 사람을 배려할 줄 아는 사람이 되기 위해 현실적인 것들을 간과하거나 무시하는 실수는 하지 말아야 한다.

세상은 용감한 사람들의 것이다. 아무리 모진 비바람이 몰아친다고 해도 그런 환경에 굴복한다면 이 세상에서는 아무것도 할 것이 없게 된다. 주변에서 무심코 하는 자신에 대한 비난이나 질타를 애써서 귀담아 들을 필요는 없다. 필요한 것만 듣고 나머지는 철저히 무시해야 한다. 그렇지 않으면 마음을 다쳐 모처럼 하려던 도전을 포기하게 된다.

호기심이라는 이름의 도전

의지만 가진다면 누구든지 도전을 하여 기회를 만들어낼 수 있다. 도전하기 위해서는 호기심이 왕성해야 한다. 호기심은 새롭거나 신기한 것에 끌리는 마음을 말한다.

2002년 10월 9일, 일본의 평범한 한 연구원인 다나카 고이치로 씨가 호기심으로 출발하여 노벨화학상을 수상한 적이 있다. 그의 성장 과정과 연구원 생활은 정말 지극히 평범한 사람들의 모습과 다를 바가 없지만 호기심 하나로 새로운 분야에 도전하여 최선을 다해 노력하여 최고의 결과를 얻을 수 있었던 것이다.

다나카는 노벨상 수상식 기념 강연에서 '나는 대학에서 화학을 전공한 사람이 아니기에 역대 수상자 중에서 최대의 도전자였다고 생각한다.'며 운을 뗐다. "나는 샐러리맨 기술자이다. 두뇌가 뛰어난 것도 아니고, 전문 지식도 충분하지 않다. 하지만 묵묵히 연구를 해온 결과 놀라운 발견을 할 수 있는 기회를 잡게 되었고, 노벨상까지 수상하게 되었다. 살다보면 이런 일도 일어난다. 나는 호기심이 왕성한 편이어서 모르는 분야에 도전하는 것이 오히려 즐거웠다. 40대가 된 지금도 새로운 것에 도전하는 것은 자극적이고 즐거운 경험이다."

다나카 씨도 자신의 전공과는 무관한 화학에 대한 호기심이 노벨화학상을 타게 하였다. 자신의 평범한 삶에서 상식을 벗어던져 버리고 도전을 하였던 것이다.

인류 역사의 모든 발전은 호기심에서 시작되었다고 해도 과언이 아니다. 발명왕 에디슨은 사물에 대한 호기심으로 출발하여 아주 기발한 아이디어로 인류의 역사를 발전시켰다. 만약 그가 없었다면 우리는 현재 음악을 들을 수도 없고, 밤에 공부를 할 수도 없고, 일을 할 수도 없었을 것이다. 에디슨은 어렸을 적에 공부도 못하는 말썽꾸러기였다. 그래서 학교에서 쫓겨 나기도 하였다. 그는 호기심이 너무 많아서 공부는 뒷전으로 미루고 닭의 알을 품는 등의 괴기한 행동으로 정상적인 사회생활을 할 수가 없었다. 누가 봐도 에디슨은 문제아였다. 그러나 그 '문제아'가 지금의 인류 역사를 창조해 냈다.

우리는 왕성한 호기심으로 인하여 지금의 자신을 만들어냈다. 우리는 어렸을 때부터 주변에 있는 모든 사람이나 사물에 대해 호기심을 가지고 있었다. 어린아이는 사물에 대한 호기심으로 인해 손을 뻗쳐 물건을 잡아 보는 도전을 감행하기도 한다. 그러다 어느 정도 성장하게 되면 호기심이 사라진다. 호기심의 충족이 많을수록 호기심은 더욱 커진다. 그러나 호기심을 해결하지 못하는 순간 호기심은 사라지기 쉽다. 호기심이 사라지는 순간 주변에 대한 모든 것에 대하여 큰 관심이 없어지게 된다.

일본의 소니(Sony)는 세계적인 게임기 회사로 회사에서 필요한 핵심인재의 조건으로 호기심, 마무리에 대한 집착, 사고의 유연성, 낙관론을 가진 사람을 꼽았다. 호기심이 없는 사람은 죽은 사람과 마찬가지며, 사고의 유연성이 없는 사람은 혼자 사는 사람이며, 낙관이 없다면 그에게는 실패만이 기다리는 사람이기 때문이라는 게 소니 측 주장이다.

오늘날 우리 사회에서 성공하는 삶을 살기 위해서는 항상 호기심을 가져야만 한다. 호기심은 세상에 대한 관심, 자신의 일에 대한 적극성의 다른 표현이기도 하다. 어떤 일에든 소극적인 태도와 정반대되는 자세이다. 이런 호기심을 잃지 않는 사람에게는 아무리 어려운 상황 속에서도 성공이 열리기 마련이다.

열정을 가져라

성공에 이르는 과정에는 수많은 난관과 시련이 도사리고 있다. 많은 사람들은 수많은 난관과 시련을 이겨내지 못하고 포기하기 일 쑤이다. 따라서 실패와 좌절 속에서 자신의 원래의 꿈인 목표에 도 달할 때까지 도전할 수 있는 힘, 그 힘은 바로 열정에서 온다. 열정 은 도전의 원동력이다. 열정은 불타오르는 듯한 세찬 감정을 말한다.

주변을 돌아보면 거의 실현 불가능한 것처럼 보이는 목표의 실현 을 위해 무모하리만치 저돌적으로 돌진하는 사람이 있는가 하면, 별 로 대단하지도 않은 난관 앞에서 주저앉아 무기력하게 하루하루를 보내는 사람도 있다.

열정은 다양한 계기를 통해 생겨난다. 우선 첫 번째로 생각할 수 있는 것은 사명감이다. 인류를 구원하기 위해 십자가에 못 박힌 예수, 평생을 헐벗고 가난한 사람을 위해 헌신했던 테레사 수녀, 그리고 혁 명가로 살다 39세의 젊은 나이에 이국땅 남미 볼리비아에서 죽음을 맞이한 체 게바라 같은 사람들이 그 좋은 예가 될 것이다.

그런데 이러한 사명감은 비단 종교인이나 혁명가만의 전유물은 아니다. 1914년 영국군의 의무단에 자원했던 세균학자 플레밍은 수 많은 부상병들이 박테리아로 득실거리는 심한 상처를 고통스럽게 참 고 있는 것을 보고 상처 없이 세균을 제거하는 항생제를 찾아내기로 자신의 사명을 정했으며, 그 결과 강력한 항생제인 페니실린을 발견하였다. 또 퍼스컴개발에 도전한 PARC연구소의 연구원들은 그들이 퍼스컴개발을 통해 세계를 바꿀 것이라는 사명감에 충만해 있었다.

이러한 사람들은 자신에게 주어진 사명의 완수를 위해 때로는 보통 사람들이 희구해 마지않는 안락과 부귀까지 희생해 가면서 불타는 열정으로 삶을 꾸려 나갔다. 그들에게는 희생이라는 단어조차 그리 어울리지 않았다. 희생이란 누군가를 위해 자신의 삶의 일부를 포기하는 것이지만 그들은 달성하고자 하는 사명의 실현을 위해 일하는 그 자체가 자신의 삶을 보다 충실하게 하는 것이라고 생각했기 때문이다. 개인을 구원하고 사회를 바꾸고 새 시대를 열어간다는 사명감이 그들로 하여금 고난이나 역경에도 굴하지 않고 목표실현을 위해 나아가는 열정을 불러일으켰던 것이다.

열정을 샘솟게 하는 또 하나의 요소는 호기심이다. 예를 들면 어릴 적부터 호기심이 많았던 에디슨은 직접 병아리를 부화시키려고 알을 품기도 했고, 기차간에서 실험을 하다 화재를 내기도 했지만 결국 세계에서 가장 많은 발명특허를 내면서 20세기 인류의 생활을 편리하게 만드는 데 가장 크게 기여한 인물로 기억되었다.

한 번밖에 없는 인생을 보다 멋지게 살아가기 위해서는 열정에 대해서도 단계별로 선택과 집중의 묘를 발휘하는 전략이 필요하다고 생각된다.

여기에는 열정의 원천을 집중시키는 전략이 필요하다. 호기심이 생기는 것이 이익도 되고 사명감도 느낄 수 있는 일이라면 더없이 좋을 것이다. 또 자신의 능력이 충분하다면 이익이 되는 일도 하고 호기심이 생기는 일도 하고 사명감을 느낄 수 있는 일도 할 수 있겠지만 아쉽게도 대부분의 사람들은 그럴 만한 능력을 가지고 있지 못하다. 요컨대 열정을 쏟을 대상을 어느 하나로 집중하는 것이 좋다.

모든 것은 가능하다

인류 역사는 불가능이라는 말을 믿지 않는 사람들에 의해 불가능이란 단어가 가능이라는 단어로 변화되었고 사회는 발전되어 왔다. 지금 우리가 살고 있는 사회는 불가능하다는 사실을 인정하지 않는 사람들에 의한 새로운 도전으로 일반인들의 상식 속에서는 도저히 건널 수 없다는 불가능의 강을 건너고, 도저히 이룰 수 없다는 불가능의 산에 도전했던 사람들에 의해 창조된 것이다. 전 세계 곳곳에서는 매순간마다 불가능에 도전하는 사람들로 인하여 지금 우리가 생각하는 가능과 불가능의 판단 기준도 상향 조정되고 있다.

불가능이란 나약한 사람들이 도전하는 것에 대한 부담감 때문에 자신들의 포기를 타당화시키려는 뜻에서 불가능하다는 이야기를 하는 것이다. 더욱이 불가능하다는 것은 다수의 의견이 아니라 하나의 의견이며, 만약 불가능한 것이 있어도 그것은 일시적인 것이지 영원한 것은 아니다. 오히려 불가능이 있기 때문에 도전할 수 있는 가능성이 존재한다.

이미 남들이 할 수 있었던 일을 하는 것은 굳이 도전이라고 하지 않는다. 도전은 남들이 불가능이라고 쓰인 말 앞의 '불'자를 떼어 버리고 '가능'으로 바꿀 수 있는 능력이 있어야 한다. 남들이 하지 못하는 일에 대하여 도전 정신을 발휘해야 희소가치가 높아질 것이다.

지금까지 경영자들 중에, 특히 현존하는 경영자들 중 위대한 혹은 존경받는 사람을 꼽으라면 많은 사람들이 잭 웰치를 꼽는다. 몸집만 크고 둔한 GE를 세계최고의 기업으로 만든 그의 경영능력을 보았을 때 그는 충분히 인정받고 존경받을 자격이 있다. 그리고 그의 경영감각, 창의성, 사람관리, 동기부여 등등 리더로써 갖추어야 할 자질들을 보았을 때 부족한 점이 없다.

무엇보다도 뛰어난 경영능력도 있겠지만 도덕적인 CEO였던 그에게는 중성자탄이라는 별명이 있다. 중성자탄은 대량으로 인명을 학살할 수 있는 것으로 그는 워크아웃을 통해서 대대적인 구조조정에 들어갔고 GE의 모든 사업을 승자와 패자로 구분하여 승자의 사업부분은 집중 투자 육성하고 패자의 사업부분은 매각, 합병, 폐쇄 등의 길을 걷게 했다. 그리고 그 과정에서 232개의 생산라인이 멈추고 73개의 공장이 폐쇄되었으며 전체 40만 명 중 18만 명이 직장을 잃게 되었다고 한다. 이런 과정에서 그에게 생긴 별명이다.

남들은 불가능할 것으로 생각했던 GE의 잭 웰치는 성공을 가능으로 바꾼 것이다. 결과적으로는 GE를 세계 최고의 기업으로 만들었기 때문에 그는 존경받는 CEO가 될 수 있었다.

도전하는 자가 성공한다

흔히 사람들 중에 현재의 생활에 안주하고 싶어 하는 사람일수록 변화를 싫어한다. 그러나 아이러니하게도 성공은 바로 변화를 의미한다. 따라서 성공 자체를 부담스럽게 생각하기도 하고 도전은 아예 생각하고 싶지 않은 단어로 인식할 수 있다. 그러나 변화를 기원하는 사람에게 도전은 바로 성공으로 연결해 주는 지름길이다.

일반적으로 평범한 사람들은 해보지 않은 일에 대하여 두려움을 가지고 있기 때문에 목표를 세우는 것도 어려워하고, 목표를 세워도 쉽게 포기하는 경향이 많다. 그러나 쉽게 포기해선 안 된다. 포기하지 말고 모든 것에 도전하면서 자신이 가지고 있는 잠재능력이 어느 정도인지를 평가해 나가야만 한다. 그러다 보면 지금까지는 발견하지 못했던 잠재능력을 발견하게 될 것이고, 발견된 잠재능력을 개발하고 활용한다면 자아실현의 기쁨을 맛보게 된다. 이러한 자아실현의 기쁨은 지금보다 몇 배 나은 생활을 보장해 준다. 주변을 보아도 성공한 사람들은 남들보다 자신에 대한 강한 신뢰감을 바탕으로 강인한 도전정신을 가지고 도전하였기 때문이다. 그러나 변화하는 것에 대한 두려움으로 도전을 하지 않는다면 인생에서 최고의 욕구단

계인 자아실현의 기쁨을 맛보지 못하고 인생을 마감하는 것과 같다고 할 수 있다. 결국 잠재능력을 발견할 기회를 갖지 못한다면 아무리 좋은 잠재능력을 가지고 있어도 있다는 것 자체도 모르고 인생을 마감하게 될 것이다. 도전을 해보라. 포기하지만 않는다면 그 꿈은 반드시 이루어지고 말 것이다.

고독을 선택하라

남들이 이미 간 길을 따라가는 것도 힘들지만 남들이 가지 않은 길을 가는 도전자들은 더욱 고독하다. 도전하는 사람들은 고독하다.

도전자에 대한 세상의 판단은 그리 호락호락하지 않다. 세상은 그들의 도전정신을 옳게 이해해 주려고 하지 않는다. 오히려 세상은 그들에게 핀잔을 주고 도전의 의지를 꺾어 놓는 경우가 많다.

월드컵에서 4강의 기적을 일구어낸 히딩크는 국민적 영웅이 되었다. 그러나 그의 영입부터 막대한 스카웃 비용에 대한 말이 많아 반대하는 사람이 많았다. 처음 국내에 상륙해서도 그의 독특한 용병술과 특이한 훈련 방법에 대하여 수많은 사람들과 언론들이 하나같이 질타를 하였다. 선진 유럽 축구를 우리나라에 적용하는 것은 잘못되었다는 시각에서부터, 그의 의식 자체가 우리나라의 문화에 맞지 않다는 것이었다. 급한 사람들은 징계론이나 쫓아내자고까지 하였다. 그러나 히딩크는 들은 체도 하지 않고 꿋꿋이 자기의 길을 간 것이다. 그래서 만들어진 것이 4강의 신화이다. 4강 신화가 이루어진 날 세계는 열광하였고 국내의 언론과 국민들은 히딩크에 대하여 열광하였다.

히딩크의 4강에 대한 성공요인은 매우 많다. 그의 전략은 몇 명의 베스트 멤버 위주로 구성된 한국 축구의 문제점을 극복하고 "베스트 멤버는 통상적인 선수 개인의 능력이 아니라 상대방에 대한 전략에 따라 구성한다."는 말로 그의 전략을 대변하였다. 그의 성공요인 중에 하나는 한국적 특색을 배격한 것이 아니라, 한국선수들이 가진 내면의 힘이 발현될 수 있도록 이끌었다는 점이다.

필자가 짐작하건대 히딩크의 고뇌와 좌절은 상당하였을 것이다. 그가 겪은 고뇌와 좌절은, 네덜란드에서 국민적인 영웅으로 추앙받던 그에게는 동방의 조그만 나라에서 갖은 수모를 당한 것이기에 상당히 고통스러웠을 것이다. 요컨대 그가 지금의 성공을 거두게 된 이유는 어떠한 상황이 오더라도 자신이 가진 생각을 꿋꿋이 밀고 나갔다는 점이다. 그는 모든 일에 자신의 신념을 가지고 임하였는데, 그것이 세계적인 명장으로 자리매김할 수 있게 한 원동력이 되었다고 할 수 있다.

아큐정전으로 유명한 중국의 작가 노신의 글 중에서 이런 말이 있다. "희망이란 본래 있다고도 할 수 없고 없다고도 할 수 없다. 그것은 마치 땅 위의 길과 같은 것이다. 본래 땅 위에는 길이 없었다. 걸어가는 사람이 많아지면 그것이 곧 길이 되는 것이다."

희망은 애초부터 누구에게나 존재했던 것이 아니다. 도전자가 길을 열고 만들어 갔기 때문에 길이 되었으며 길을 가는 사람들에게 희망이 된 것이다. 따라서 희망은 희망을 갖고자 하는 사람에게만 존재한다. 희망이 있다고 믿는 사람에게는 희망이 있고, 희망 같은 것은 없다고 생각하는 사람에게는 실제로도 희망은 존재하지 않는 것이다.

빛나는 최초

많은 사람들은 어느 분야에서나 최고를 향해 달려간다. 따라서 그 분야에서 최고가 되기 위해서는 남들보다 빨리 다다르기 위하여 최선의 경쟁을 하기 마련이다. '최고'가 되기 위해선 타고난 재능도 중요하지만 그와 함께 최고가 되고자 하는 피나는 노력도 반드시 필요하다.

최정상에 오르기까지는 수많은 고통이 따르겠지만, 최고가 되기 위한 과정이 고난의 과정이라 할지라도 최고가 주는 달콤함과 안락함에 비한다면 별 게 아닐 수 있다.

'최초'는 말 그대로 이전까지 아무도 하지 못한 그 무엇을 이룬 '첫 번째'인 셈이다. 그러나 '최초'는 엄청난 노력도 중요하지만 무엇보다

운이 따라야 한다. 1등과 2등은 등급 상으론 별 차이가 없어 보이지만 2등은 최고가 아니라는 이유로 1등의 그림자에 가려서 보이지 않게 마련이다. 역사 속에는 이런 일들이 비일비재하다.

1876년 2월 14일 벨은 조수인 윗슨과 함께 사람 목소리를 전할 수 있는 기계를 발명하는 데 성공한다. 그러나 벨과 거의 비슷한 시기에 전화기를 발명한 또 다른 천재 과학자가 있다. 이젠 누구도 그 이름조차 기억하지 못하는 엘리셔 그레이가 바로 그 사람이다. 그도 1876년 2월 14일 오후, 자신이 개발한 전화기를 등록하기 위해 특허국을 방문했다. 그레이엄 벨이 전화 특허를 신청한 것도 바로 그날 오전이다. 불과 1-2시간 차이였다. 하지만 그레이는 전화의 실용적 가능성에 대해서 그리 심각하게 생각하지 않았고, 발명 특허권 보호 신청을 낸 뒤 한가하게도 자신의 재정적인 후원자와 곧 있을 박람회 문제를 협의하기 위해 필라델피아로 떠났다. 그레이는 벨이 사용한 가죽막보다 더욱 효율적이었던 금속 진동막을 이용해서 음성을 전달했기 때문에 기능면에서는 그레이의 특허품이 벨의 특허품에 비해서 우수했다. 그러나 불과 몇 시간 차이로 그레이가 아닌 벨이 전화기 특허를 받게 된 것이다. 그러면서 엘리셔 그레이는 벨보다 더 많은 노력과 시간을 들여 더 좋은 제품을 발명했지만 결국 시간에 졌기 때문에 최고가 되지 못했으며 역사 속에서 누구도 그를 알아주는 사람이 없게 된 것이다.

최초의 인공위성 스푸트니크 발사로 세계에서 최강국이라고 생각하는 미국의 자존심은 바닥에 떨어졌던 역사건 사건이 있었다.

1957년 10월 4일 소련은 대기에 관한 여러 자료를 기록하고 전송할 수 있는 장치를 실은 직경 57cm, 무게 82.8kg의 금속구, 즉 최초의 인공위성 스푸트니크 1호를 지구 궤도에 쏘아 올렸다. 스푸트니크 발사 이후 냉전 시대의 주도권을 잡기 위한 경쟁의 일환으로 미국과 소련은 2,000개에 가까운 우주 비행체를 지구 궤도에 진입시켰고, 급기야 1969년 미국은 인간을 최초로 달에 보내는 데 성공했다. 최초의 자리를 차지하기 위한 우주 경쟁을 치열하게 벌인 것이었다.

문제는 최초의 전쟁이 스푸트니크의 영향은 단순히 우주 경쟁을 촉발했다는 데 거치지 않았다. 미국인들은 자신들의 교육제도가 혁신될 필요가 있다는 것을 느꼈으며, 강력한 로켓을 개발할 필요가 있음을 절감하게 되었다. 즉 우주 경쟁과 군비경쟁은 본질적으로 동일한 것이었다. 왜냐하면 인공위성을 쏘아 올리는 데 사용한 로켓은 대부분 대륙간 탄도 미사일(ICBM)을 변조한 것이었기 때문이다.

X-레이를 발견한 뢴트겐을 위시한 최초의 발명 발견자들은 자신이 전혀 의도하지 않은 한 순간에 '최초'의 인물이 되었다.

08

스피치는 선한 리더십을 더욱 돋보이게 하는 마술이다 | 상대방의 마음을 움직이는 감성스피치

준비의 중요성 | 상대방을 설득시키는 소통 방법 | 요청과 거절에도 매너가 필요하다

칭찬의 힘은 불가능을 가능하게 한다 | 가장 효과적인 스피치, 경청 | 공포감의 해결

선한 리더에게
필요한
소통의 기술

스피치는 선한 리더십을 더욱 돋보이게 하는 마술이다

피터 드러커(Peter F. Drucker)는 "인간에게 있어서 가장 중요한 능력은 자기표현이며, 현대의 경영이나 관리는 커뮤니케이션에 의해서 좌우된다."고 말하여 스피치의 중요성을 강조하였다. 오늘날 스피치는 상대방을 설득시키고 이해시키고자 할 때 주요한 요소로 각 분야에서 활용되고 있다. 특히 취업 면접 인터뷰를 볼 때에도, 세일즈를 할 때에도, 상사에게 보고나 회의를 할 때에도, 고객과 상담할 때도, 강의를 할 때도, 전 세계 곳곳에서 새로운 제품을 소개하고 기업의 투자를 권유할 때에도 점차 스피치가 중요한 역할을 하고 있는 실정이다. 따라서 이제는 누구나 스피치를 잘할 수 있어야 한다. 그러나 스피치는 말만 잘한다고 되는 것이 아니다. 여러 가지 다양한 요소들이 결합되어야 한다.

"입을 열면 침묵보다 뛰어난 것을 말하라. 그렇지 않으면 가만히 있는 것이 낫다."는 독일 속담이 있다. 오늘날 우리 시대에는 스피치의 성공 여부에 따라 기업의 투자와 제품의 판매와 취직이, 또는 학점이 결정된다. 이러한 시대에 각광받는 사람이 되기 위해서는 사전에 철저히 준비하고 기술을 연마하고 성공할 수 있는 요소들을 가지고 있어야 한다. 현 사회에서 스피치는 면밀히 계획되고 구성되고 실시되어야 하는 것으로, 그 자체가 특별히 제작된 하나의 상품으로 생각되어야 한다. 따라서 스피치는 무형자산으로서 사람, 정보, 노하우로 이루어진 하나의 경영상품이라고 할 수 있다.

우리는 갓난아이 때부터 주변의 외부적인 영향에 의하여 언어능력을 갖게 된다. 일반적으로 어려서부터 책을 많이 읽거나, 말을 많이 하고 자란 아이들은 표현능력이 높아지는데 반해, 책을 많이 읽지 않거나, 소극적이고 내성적인 아이들은 말을 잘 못하는 경우가 많다. 결국 말을 잘하고 못하고는 주변의 환경에 의하여 말의 습관이 형성되기 때문이다. 따라서 성인이 되어서도 연습만 한다면 말은 잘할 수 있다는 것이다.

영국 역사상 가장 위대한 영국인으로 추앙받았던 윈스턴 처칠은 정치인으로 세계를 변화시켰다. 더욱 유명한 것은 노벨문학상을 수상할 정도로 문학에도 조예가 깊었지만 명연설가였다는 것이다. 그러나 그의 화려한 조명 뒤에는 처절한 인생의 극복이 있었다. 그는 왜소한 체구로 심한 열등의식과 매번 꼴찌를 벗어나지를 못한 어린 시절을 보냈다. 그는 자신의 불행을 극복하기 위하여 매일 다섯 시간이 넘는 독서와 연구를 통해 자신만의 지식 세계를 만들어 갔으며 자신의 인생은 물론 세계를 변화시켰다.

처칠은 두 달 일찍 태어난 조산아로서 지능발달이 늦어 학교생활에 적응하지 못하고 어린 시절을 보냈다. 그의 아버지는 항상 처칠을 가문의 수치로 여겼고 이는 어린 처칠에게 많은 상처를 주었다. 그의 아버지가 정신착란이 시작된 이후로는 처칠에게 더욱더 심한 폭언을 서슴지 않았다.

게다가 팔삭둥이로 태어난 처칠은 태어날 때부터 몹시 병약하여 어린 시절에는 거의 모든 병을 달고 다녔으며 11세 때는 죽음의 문턱까지 다녀왔다. 결국 그는 숨을 거두는 순간까지 여러 가지 병마의 그림자에서 한 순간도 벗어나지 못했다. 체격 역시 왜소하여 그에게 평생을 살면서 크나큰 콤플렉스를 가져다주었다. 무엇보다 놀라운 것은 이 시대 가장 위대한 연설가로 인정받고 있는 그는 혀가 짧았으며, 몇몇 발음들을 발음하지 못했고 말더듬증도 갖고 있었다. 또한 그는 학창 시절에 학업 성적이 거의 꼴찌였다. 성적이 나빠 대학진학을 못했으며 육군사관학교를 지원했지만 두 번 떨어졌으며 세 번째에야 겨우 합격하였다. 또한 그는 선거전에서 가장 많은 패배를 경험한 정치인으로 기록되어 있다.

그는 군에 입대하면서 체력 훈련에 몰두하여 신체적인 허약함을 이겨내려 했으며, 학문에 대한 열등감은 하루 다섯 시간이 넘는 독서와 연구를 통해 자신만의 지식 체계를 이끌어내었다. 그는 짧은 혀로 인하여 발음이 안되는 단어를 걸을 때마다 항상 연습했으며, 무대공

포증을 없애기 위해 웅변 기술을 끊임없이 연습했다. 즉석에서 말하는 것이 서툴렀던 그의 명연설들은 미리 원고를 써서 암기한 것이었다. 그는 자신의 소심한 성격을 이기기 위해 전쟁에 참가해서는 가장 치열한 전투에 자진해서 몸을 던지기도 하였다.

그는 이러한 삶의 자세로 영국에서 두 번이나 수상을 지낸 정치가이자 웅변가로 명성을 날렸으며, 바쁜 정치생활 속에서도 수많은 강연과 20여 권이나 되는 훌륭한 저서를 집필하여 노벨문학상을 수상했으며, 금세기 최초로 왕족 이외에 '국장'으로 장례를 치른, 지금까지도 "가장 위대한 영국인"으로 불렸다. 그가 이처럼 험난하고 불행했던 어린 시절을 극복하고 영국을 대표하는 대정치가가 되고 전 세계 사람들에게 존경을 받을 수 있었던 것은, 자신의 약점과 모자람을 극복하려고 끊임없이 노력했고 영국을 제2차 세계 대전에서 구하고 명연설가, 정치인으로서, 노벨문학상을 수상하여 파란만장한 삶을 살았다는 점 때문이다.

상대방의 마음을 움직이는 감성 스피치

감성(感性)은 이성(理性)과 대립되는 말로 느낌을 받아들이는 인간 내부의 특성을 말한다. 과거 우리나라의 전반적인 기업문화는 획일적이고 경직되어 있어 리더의 일방적인 방침에 따라 기업이 움직여 온 것이 사실이다. 그런데 시대가 변했다. 최근의 무한 경쟁의 시대에서 기업이 살아남기 위해서는 무언가 남들과 차별성이 있어야 한다. 따라서 기업들은 소비자와 사회의 요구를 수용하기 위하여 경영에도 감성을 도입하여 많은 효과를 보고 있다. 점차 과거의 '독불장군식' 기업경영에서 벗어나고 인간미 물씬 풍기는 '감성경영'이 부각되면서 새로운 기업문화가 형성되어 가고 있다.

논리적으로만 자신의 주장을 펼치는 것은 누구나 흔하게 범하는 실수이다. 특히 똑똑한 사람들일수록 이런 실수를 잘 범한다. 그런데 일반적으로 사람들은 감정적으로 말하더라도 논리적으로 추론하고 있다고 느끼기를 좋아하는 경향이 있다. 따라서 논리에도 감정이 깃들어 있어야 하며, 상대편을 진정으로 움직이게 하는 것은 감정임을 이해해야 한다.

실질적으로 우리 모두는 감정에 의해 좌우된다. 그렇다 하더라도 그 누구도 이 사실을 공개적으로 인정하는 것만큼은 달가워하지 않는다. 요컨대 가장 감정적인 주장을 할 때마저도 노골적으로 감성적인 말들만을 사용해서는 안 된다.

스피치를 들으면서 느끼는 청중들의 감정과 느낌 또는 즐거움, 흥분, 만족감 등은 스피커가 원하는 목표의 도달에 매우 중요한 역할을 수행한다.

감성 스피치는 한 마디로 청중들의 감성에 어울리는 혹은 그들의 감성이 좋아하는 자극이나 정보를 통해 스피치에 대한 호의적인 감정 반응을 일으키고 경험을 즐겁게 해줌으로써 청중을 감동시키자는 것을 목표로 하고 있다.

즉, 감성 스피치는 스피치에서 말투나 행동과 같은 외부적인 자극뿐만 아니라 한 걸음 더 나아가서 청중의 마음을 움직이는 감각정보를 통해 청중의 감성 욕구에 부응하자는 것이다. 그러려면 일반적으로 사람들은 인간이 가진 다섯 가지 감각(시각, 청각, 미각, 후각 촉각)에 기초하여 정보를 받아들인다는 점을 핵심으로 하여 이러한 감성적 측면을 자극할 수 있는 스피치 계획을 세워야 한다.

사람의 뇌는 생리적으로는 몸의 각 부위를 움직이게 하지만 정신적으로는 희·로·애·락을 느끼고 생각하고 말하는 역할을 담당한다. 뇌는 크게 나누어 대뇌, 소뇌, 뇌간, 간뇌로 구성되어 있는데, 이때 오른쪽에 있는 것이 우뇌이고, 왼쪽에 있는 것이 좌뇌이다.

좌뇌는 논리적 사고와 분석적 사고의 중추로서 언어와 셈을 하는 능력과 관련이 있다. 따라서 읽기·쓰기·말하기·셈하기와 같은 기본적인 학습은 좌뇌가 받아들이고, 음악·미술·무용처럼 감상적이고 상상력과 창의력이 필요한 학습은 우뇌가 받아들이게 된다.

과거에는 분석력을 주관하는 좌뇌가 발달한 사람이 지능지수가 높은 것으로 나타났으며 과거의 스피치는 주로 이론적이고 텍스트 위주의 스피치가 주를 이루었다. 그러나 요즘에는 우뇌의 중요성이 높아짐에 따라 감정에 호소하는 스피치가 인기를 끌고 있다. 우뇌의 감정을 자극하려면 이미지나 음악 또는 동영상 같은 자료를 활용하는 것이 좋다. 그러나 너무 우뇌를 강조하게 되면 이성적으로 생각하기보다는 감각적으로 판단하려고 하게 되어 올바른 판단을 하기가 어려워진다. 따라서 좌뇌와 우뇌를 적절하게 자극하는 스피치가 좋다 하겠다.

준비의 중요성

누구나 인생을 살면서 반드시 성공시켜야 하는 스피치가 있기 마련이다. 예를 들면 꼭 입사하고 싶었던 회사의 면접이나, 마음에 드는 사람에게 하는 프로포즈, 자신의 인생을 결정하는 중요한 발표, 꼭 물건을 팔아야 할 때 등이다. 그러나 반드시 성공시키려는 의지를 가지고 있다면 스피치를 할 때 최소한의 준비를 해야 한다. 준비되지 않은 스피치는 상황을 썰렁하게 하거나 상대방의 신뢰를 떨어뜨리게 됨으로 해서 실패하는 경우가 생긴다. 따라서 반드시 성공하기 위해서는 다음과 같이 스피치를 위한 준비를 해야 한다.

• 스피치의 내용을 완전히 숙지해야 한다.

스피커는 자기가 스피치를 해야 할 내용에 대하여 자기가 가장 많이 알고 있다는 자신감과 실제로 그 정도의 지식을 가지고 있어야 한다. 그리고 스피치를 하기 전에는 다 알고 있는 것 같아도 막상 스피치를 하게 되면 당황하면서 모든 것을 잊어버리는 경우가 많다. 따라서 스피커는 모든 내용을 완전히 소화할 뿐만 아니라 숙지를 해야 한다.

• 예행연습을 철저히 해야 한다.

많은 대중들 앞에서 스피치가 진행되기 전에 스피커는 충분한 예행연습을 철저히 하여야 한다. 아무리 연습을 해도 스피치를 하고 나면 충분한 능력발휘나 가지고 있는 모든 것을 풀지 못한 안타까움을 갖고 돌아서게 된다. 따라서 스피커는 실제와 같은 상황에서 연습하여 스피치 당일, 실수 없이 실전에 임해야 할 것이다. 또한 예행연습 시에는 스피치의 강조점 등을 체크하여 체크 포인트로 활용하여야 할 것이다.

• 공포감을 극복해야 한다.

많은 대중들 앞에 서면 누구나 심한 불안감을 느끼게 된다. 그러한 불안감을 없애지 않으면 아무리 좋은 자료를 준비했다 하더라도 별 소용이 없다. 거울을 보면서 자신 있는 표정을 연습하고, 좋은 결과가 나올 것이라고 자기 최면을 걸어야 한다. 단상에서 할 말을 잊을지 모른다는 등 막연한 불안감은 뇌리에서 깨끗이, 정말 깨끗이 지워라.

• 자신감에 찬 스피치를 해야 한다.

스피치를 듣는 대중들은 자신감에 차 있는 스피커를 원한다. 명

스피커는 자신감에 찬 스피치를 한다. 자신감에 찬 스피커가 되기 위해서는 스피커가 자기 스피치 내용에 대한 확신을 갖고 그를 통해서 소정의 목적을 달성할 수 있다는 것을 굳게 믿는다면 어떤 스피치도 성공할 수 있다. 즉 자신감 있는 스피치는 무엇보다 신념과 확신에 찬 언행으로 스피치하는 것이 대단히 중요하다. 특히 도입 부분부터 스피커의 신념에 찬 목소리로 하는 스피치로 청중을 압도할 수 있으면 감동을 전달하는 스피치가 될 수 있다.

• 여유 있는 마음으로 천천히 스피치해야 한다.

스피치란 청중에 대한 서비스의 연속이다. 따라서 여유 있는 마음으로 천천히 스피치를 해야 스피커가 전달하고자 하는 내용을 충분히 전달할 수 있다. 만약에 급한 마음으로 스피치를 하다보면 자칫 여유를 잃고 쫓기게 됨은 물론 말이 빨라져서 청중들이 이해하기 어려운 때가 많다. 이는 스피치를 정해진 시간까지 끝내야 한다는 초조감 때문이다. 그런 경우에는 스피치 내용 중에서 상당한 부분을 버리고 중요한 것만 전달하려는 마음을 가져야 한다.

• 제한된 시간을 효과적으로 활용하는 기술을 익혀야 한다.

스피치를 듣는 대중들이 집중해서 들을 수 있는 시간은 제한되어 있다. 배당 시간을 먼저 고려해야 하지만 평균적으로 20분을 넘어

서면 청중들은 슬슬 집중력이 떨어지기 시작한다. 개인차는 있지만 평균적으로 30분이 가까워 오면 집중력이 떨어지기 시작하는데 이 시점에서 흥미를 끌 만한 실례를 들거나 질문을 하여 집중력을 끌어 올려야 한다. 최근 스피치에 활용되는 다양한 시청각 기자재를 사용하는 것도 좋은 방법이다. 또한 제한된 시간을 초과하거나 정해진 시간보다 늦게 시작해선 안 된다. 시간을 지키는 것도 신뢰감을 형성하는 중요한 요소가 된다.

• 일관된 흐름을 가지고 요점을 간결, 명확하게 전달하는 습관을 가진다.

아무리 달변이라 해도 요점이 명확하지 않고, 장황하게 늘어놓기만 한다면 상대를 설득하기 어렵다. 먼저 스피치의 목표를 명확히 설정하고, 전달하고자 하는 핵심적인 사항을 일관된 논리 하에 간결하고, 명확하게 전달하라. 장시간 스피치를 들었을 때 실지로 청중이 기억하는 내용은 얼마 되지 않는다. 반드시 기억해야 하는 가장 중요한 내용을 도입부와 종결부에 반복하여 인지시켜야 한다. 일관된 흐름을 갖고 요점을 명확하게 전달하는 것이 중요하다.

• 스피치 전에 철저한 준비를 해야 한다.

유능한 스피커라면 전달하고자 하는 내용을 명확하게 이해하고 내용에 대한 확신을 가져야 하며 철저하게 준비해야 한다. 또한 돌발 상황에 대처할 수 있는 임기응변 능력도 갖춰야 한다. 스피커는 어떻게 보면 무대의 배우와도 같다. 청중에게 감동을 주기 위해서 엔터테이너의 역할을 감수해야 한다. 적절한 시선 안배, 표정 연기와 음성, 세련된 손놀림과 유머감각 그리고 위기상황 대처능력을 갖춰야 한다. 리허설을 통해 연습하는 것도 하나의 방법이 될 수 있다.

• 설득해야 할 대상에 대하여 미리 연구해 두어야 한다.

스피치는 스피치를 듣는 구체적인 대상이 정해져 있으며 대상을 설득해야 하는 작업이다. 누군가를 설득한다는 것은 결코 쉽지 않은 일이다. 확실한 논거를 바탕으로 이성적인 합의뿐 아니라 감정적인 호응도 이끌어내야 하기 때문이다. 따라서 사전에 대상에 대한 정보를 가능한 한 많이 수집하라. 그리고 아주 작은 성향까지도 파악해서 결정권을 갖고 있는 대상에 맞는 스피치 스타일을 개발하라. 만약 결정권자가 이 분야에 정통한 전문가라면 철저한 지식으로 무장을 해야 함은 물론 그가 생각하지 못한 뛰어난 무기를 갖고 있어야 한다. 만약 클라이언트의 스타일이 개성을 중시하는 자유로운 스타일이라면 두껍기만 한 기획서와 구태의연한 진행방식은 버려라. 이때 중요한 것은 수집한 정보의 정확성이다. 잘못 파악했다가는 오히려 낭패를 보기 쉽다. 스피치는 쌍방향의 암묵적인 커뮤니케이션이라는 점을 명심해야 한다.

• 밝고 긍정적으로 스피치해야 한다.

스피치를 듣는 대중들은 일반적으로 밝고 긍정적인 스피커를 좋아한다. 좋아하는 이유를 보면 이러한 스피커들이 말하는 것은 뭔가 비전과 희망이 있는 것 같이 의미 있게 들린다고 청중들은 말한다. 반면에 소심하고 부정적인 스피커는 청중들의 호감을 얻기 어렵고 스피치가 성공하기 어렵다. 부정적인 말은 자기 자신뿐만 아니라 주위에 있는 모든 사람에게까지도 실패와 위기의식을 불어넣는 위험한 스피치가 된다. 청중이 가장 듣기 좋은 음성은 밝은 음성이고 가장 아름다운 모습은 밝은 표정이다.

상대방을 설득시키는 소통 방법

타인과 대화를 할 때는 기본적인 태도를 갖추고 해야 한다. 기본적인 태도를 갖추고 대화를 하면 그것 자체가 화자의 마음을 정화하고 그에 따른 대화도 나오게 만들어 준다. 더욱이 대화를 잘하기 위해서는 나름대로의 노하우가 필요하다. 대화의 노하우는 많은 경험을 바탕으로 얻어지는 것이기는 하지만 올바른 대화 요령을 깨우친다면 원하는 목적을 달성하는 스피치를 할 수 있다. 다음은 올바른 대화를 하는 요령이다.

첫째, 대화의 상대방을 한 사람의 인간으로 존중한다.

상대방을 인간적으로 존중하면 상대방에 대한 감정, 사고, 행동을 평가하거나 비판, 판단하지 않고 있는 그대로 받아들이는 자세를 가지게 된다. 또한 상대방이 화자의 맘을 이해하고 본인도 상대방을 존중하는 마음을 갖게 될 수 있다.

둘째, 대화의 상대방을 성실한 마음으로 대한다.

상대방과의 관계에서 성실한 마음으로 대한다. 이러한 성실함은 상대방에게 자연스럽게 대화 도중에 표현이 되며 이를 바탕으로 상대방도 성실한 마음으로 대화에 참여하게 되어 상대방과의 솔직한 의사 및 감정의 교류가 가능해진다.

셋째, 대화의 상대방을 공감적으로 이해하려고 노력한다.

우리는 가끔 대화할 때 상대방에 대하여 무조건 이해하는 듯 "다 이해해"라는 말을 자주 한다. 그러나 상대방을 이해하기 위해서는 상대방이 가진 생각이나 느낌, 가치, 도덕관 등을 다 이해해야 한다. 상대방을 다 이해하지 못하고는 상대방과 공감대를 가지기 어렵다. 그러나 상대방의 입장이 되어 깊고 주관적으로 이해하면서도, 결코 자기 본연의 자세를 버리지 않는 것이 진정한 공감이다. 상대방의 감정을 이해하고 있음이 상대방에게 전달될 때 상담자는 자신이 이해받고 있다는 느낌을 갖게 된다.

넷째, 대화의 상대방을 배려하는 대화를 해야 한다.

상대방을 배려하는 대화를 하려면 나-전달법(I-message)으로 대화를 해야 한다. 나-전달법(I-message)은 자신의 내면을 표현할 때 주어를 '나'로 하여 그런 느낌을 가지게 된 책임이 상대방에게 있지 않고 표현자에게 있음을 알려 주는 진술방식이다. 책임을 자신에게 두지 않고 상대방에게 전가하는 진술방식을 너-전달법(You-message)이라고 한다. 너-전달법은 불쾌한 감정을 지니거나 갈등상태에 있을 때 보통 사람들이 흔히 하는 표현방식이다. 그러나 이러한 표현은 문제를 더 크게 만들거나, 관계를 더 해치는 경향이 있다. 나-전달법(I-message)을 통한 자기노출은 스피치뿐 아니라, 대인관계에서도 매우 필요한 의사소통방식이다.

요청과 거절에도 매너가 필요하다

흔히 사람들은 세상을 살면서 대화를 하게 되면 상대방에게 자신에게 필요한 것을 해달라고 요청하거나, 상대방의 요구를 거절할 경우가 생긴다. 요청과 거절은 상대방이 절친한 사이라면 크게 문제가 되지 않지만, 처음 만나는 사람이나 거래처, 연인 사이에서는 상대방의 마음의 문을 닫게 하거나 아프게 할 수 있다. 따라서 요청과 거절에는 다음과 같은 요령이 필요하다.

• 요청하기

스피커가 상대방에게 요청을 하게 되면 상대방은 마음의 문을 닫고 긴장하며 듣게 된다. 때로는 스피커의 말을 들으면서 어떻게 하면 거절할 것인가를 생각하고 있을 수 있다. 따라서 언제든 거절될 수 있다는 생각으로 상대방이 기분 나쁘지 않도록 주의를 기울여 대화해야 한다.

▶ 원하는 것에 대해서 명확히 그리고 구체적으로 표현한다.
  예) "아무거나 먹자." 보다 "자장면 먹으러 가자."

▶ 언제든 상대방이 거절할 수 있다는 것을 명심하고 그 거절을 받아들일 준비가 되어 있어야 하며, 만일 요청이 거절되면 그 대안을 준비한다.
  예) "그게 안된다면, 그럼 이건 어떤가요?"

▶ 상대방에게 부담을 주는 것은 직접화법을 쓰는 것보다 간접화법을 쓰는 것이 부드럽다.
  예) "문 좀 닫아요." 보다는 "문 좀 닫아 줄래요?"

▶ 상대방의 대답을 액면 그대로 인정하고 존중한다. 유추해석은 오해를 불러 온다.
  예) "네 그러시군요. 잘 알겠습니다."

▶ 상대방의 대답에 대한 나의 감정, 감사, 실망, 수용의사를 기분 나쁘지 않도록 정중하게 표현한다.

예) "그러시군요. 저는 그게 잘못된 줄 몰랐습니다. 시정하도록 하지요."

▶ 요청이 이루어지면 진심으로 고마움을 표현해야 한다.

예) "요청을 받아주셔서 감사합니다. 참으로 도움이 많이 되었습니다."

▶ 상대방이 거절한다는 것은 그 사안만을 거부하는 것이지 당신을 전체로 거부하는 것은 아니니 실망에 빠져서 대화를 단절해서는 안 된다. 부탁을 들어주지 않은 경우, 상대방은 내심 미안한 맘이 있으므로 다음번의 부탁은 들어줄 가능성이 크다. 따라서 한 번 거절한 사람에게 다음 기회에 다시 요청하면 성사될 가능성이 있다.

예) "전에는 거절하셨는데, 혹시 마음이 바뀌지는 않으셨나요?"

▶ 상대방이 거절하였다고 완전히 대화를 단절하지 말고 자신의 솔직한 마음을 표현하고 다음 기회를 기약한다. 만약 대화를 단절해 버리면 다음의 기회마저 없애는 결과를 만든다.

예) "제 요청을 거절해서 마음은 편하지 않지만 다음에는 꼭 거래가 성사되길 바랍니다."

• 거절하기

누구나 상대방의 요청에 대하여 거절해야 할 때가 분명히 있다.

그러나 거절을 잘못하게 되면 상대방이 마음의 문을 닫을 뿐만 아니라 영원히 적이 될 수도 있다. 따라서 거절을 할 때도 상대방의 마음을 다치지 않도록 주의하면서 대화를 해야 한다.

- ▸ 도움을 요청하는 질문에는 가부를 확실히 밝혀 오해나 미련의 소지를 주지 않는다. 만약 가부를 밝히기 어려울 때는 생각할 시간을 달라고 해서 시간을 가지고 생각해 본다.
- ▸ 거절의 의사표현은 진지하고 솔직하게 하려고 노력한다.
- ▸ 거절의 의사표현은 간단명료하게, 많은 변명은 필요 없다.(변명이 필요할 땐 짧게 할 것)
- ▸ 거절의 의사표현을 할 때 "미안하다"는 말은 꼭 그렇게 느낄 때만 쓴다.
- ▸ 상대가 당신 말을 받아들이지 않을 때는 침묵을 하거나 대화를 끝낼 권리가 있다.
- ▸ 일단 거절의 의사표현을 했어도, 당신 맘은 바꿀 수 있다.
- ▸ 거절의 의사표현은 조용한 목소리로, 몸짓으로 말해서 상대방을 아프지 않게 한다.
- ▸ 거절의 의사표현은 대안을 제시할 수도 있다.
  예) "다른 기회에 같이 하면 안 될까요?"

칭찬의 힘은 불가능을 가능하게 한다

《칭찬은 고래도 춤추게 한다》라는 책에서, 조련사가 돌고래에 칭찬을 했더니 춤도 추더라는 내용이 있다.

이처럼 동물에게도 칭찬의 힘은 크다. 그리고 사람에게는 더 말할 나위가 없다. 칭찬 한마디가 상대방 마음의 문을 열게 하고 나에 대한 호감을 갖게 하는 데 중요한 역할을 한다.

칭찬은 상대방에 대한 호감의 표현이다. 그러나 칭찬을 잘못하면 오히려 분위기가 이상해지고 서먹서먹한 관계로 가기 쉽다. 따라서 칭찬은 적절한 시기와 기회에 맞도록 해야 한다.

▶ 칭찬을 받아들이는 것은 상대방의 호의에 대한 감사의 표시가 된다. 칭찬에 대해 품위 있게 간단한 대답과 함께 받아들임으로써 상대방이 다음에도 칭찬을 하기가 용이하게 만들어야 한다.
예) "감사합니다."보다 "좋은 말씀을 해주셔서 감사합니다."

▶ 칭찬을 거절하는 것은 상대방의 견해를 무시해서 다른 칭찬을 하지 못하게 한다.
예) "전혀 아닌데요."

▶ 칭찬이 진실이라는 것을 알도록 칭찬은 구체적으로 한다.
예) "당신은 아름답군요"라기보다 "당신 머리 스타일이 참 보기 좋아요."

▸ 칭찬할 때 솔직하고 진지하게, 그리고 간결하게 한다.

예) "고마워요. 실은 숙제를 하고서 저도 기뻤어요."

▸ 칭찬을 자주 주고받는 것을 즐기자.

▸ 당신 자신에 대해 자랑스럽게 생각하는 것과 교만한 것은 다르
다. 교만이란, 다른 사람을 깔아뭉개고 기분 좋게 느끼려 하는
행위다.

▸ 칭찬은 연습할수록 잘할 수 있다.

가장 효과적인 스피치, 경청

타인의 말을 들을 때에는 귀가 세 개인 양 들어야 한다. 이 말은 그
만큼 경청의 중요성을 강조하는 말이다. 경청을 하려면 상대방이 '말
하는 바'를 귀담아 듣고 '하지 않는 심중의 말'은 무엇인지를 신중히
가려내며, '말하고자 하나 차마 말로 옮기지 못하는 바'가 무엇인지
도 귀로 가려내야 한다고 했다.

그러나 한 연구보고에 따르면 85% 이상의 사람들이 경청능력에
있어서 평균 이하였고 5%에도 못 미치는 사람들만이 우수하거나 뛰
어나다는 평가를 받았다고 한다. 대부분의 사람들은 남의 말을 잘
들으려 하지 않고 다음에 무슨 말을 할까에 더 신경을 쓰기 때문에

결과적으로 자신이 청취한 전체 내용의 25%만을 경청하게 되고 나머지 75%는 그냥 흘려들어 버리게 된다고 한다.

경청에는 소극적 경청(침묵)과 적극적 경청(반영적 경청)으로 나눌 수 있다.

소극적 경청은 상대방으로 하여금 더 많은 이야기를 털어놓도록 격려해 주는 효과적인 비언어적인 메시지이다. 화자가 말을 많이 하면 상대방은 자신의 문제를 이야기할 수 없다. 자신이 침묵하면서 상대방의 이야기를 수용하고 경청하면 공감과 온정을 전달할 수가 있다.

다음으로는 적극적 경청(반영적 경청)인데 화자는 단순히 듣기만 하는 것이 아니라 상대방의 속마음을 정확히 이해하고 언어적인 반응을 나타내는 것을 말한다. 적극적 경청이 소극적 경청보다는 훨씬 더 많은 상호작용을 일으킬 수 있으며 상대방의 기분을 좋게 할 수 있다. 효과적으로 경청하는 방법을 보면 다음과 같다.

▶ 화자는 모든 청자들이 궁극적으로 자신의 문제를 스스로 풀어 갈 수 있는 능력을 가지고 있다는 신념을 가져야 한다.

▶ 청자가 어떤 느낌을 표현하든지 그 느낌을 그대로 수용할 수 있어야 한다. 청자의 반응에 대하여 어떠한 평가적인 용어를 사용해서는 안 된다.

▶ 화자는 청자들의 느낌이란 일시적일 수 있다는 점을 이해하고, 적극적 경청은 청자들의 느낌을 변화시킴으로써 감정을 누그려

뜨려 주고 그런 감정에서 벗어날 수 있게 해줄 수 있다는 신념을 가져야 한다.

▸ 화자는 청자와 공감하여야 한다. 그러면서도 청자의 감정에 말려들지 말고 화자의 정체성(正體性)를 유지해야 한다.

▸ 화자는 문제를 가진 청자를 진정한 사랑으로 도와주려는 자세를 가져야 한다.

▸ 화자는 청자들이 처음부터 문제의 핵심을 꺼내지 않는다는 점을 이해하고 인내를 가지고 문제의 핵심을 찾도록 노력해야 한다.

공포감의 해결

흔히들 많은 사람들은 여러 사람 앞에서 하는 스피치는 생활화되어 있지 않기 때문에 스피치를 앞두게 되면 보편적으로 심한 스트레스를 느낀다. 1 대 1의 개인적인 관계에서는 대화를 잘하는 사람도 여러 사람 앞에서는 말을 더듬는 경우가 많다. 실제로 통계자료를 보면 우리나라 직장인 열 명 가운데 아홉은 업무와 관련한 각종 발표 때문에 심한 스트레스와 심적 부담을 느낀다고 한다.

요즘은 입사 때부터 발표 능력을 갖춘 창조적 인재상을 요구하고 있으며 기업환경이 점점 '커뮤니케이션'을 중시하는 문화로 바뀌어 가면서 집단토론, 브리핑, 스피치, 제안, 기획회의, 고객 상담이 늘어가고 있다. 제아무리 회사를 살리고 빛나는 생각과 톡톡 튀는 아이템을 가지고 있다고 할지라도, 이를 고객이나 직장상사 앞에서 효과적으로 표현해 내지 못한다면 성공적인 목표를 달성할 수 없다. 따라서 스피치 능력은 자신의 미래를 발전시키는 중요한 결정요인이며 나아가 회사를 발전시킬 수 있다.

• 사람은 누구나 스피치를 하게 되면 긴장하게 된다.

누구든지 처음 스피치를 하게 되면 여러 사람 앞에 선다는 생각만으로도 긴장을 하고 실제로 강단에 서서는 사시나무 떨듯이 떠는 경우가 많다. 그러다 보니 몸이 떨려 목소리까지 떨리게 되고 결국 혀가 뒤엉켜서 말까지 더듬게 된다. 그렇게 되면 아무리 많은 것을 안다 해도 제대로 전달하기는커녕 말 한마디 제대로 하지 못하고 강단을 내려오는 경우가 있다.

스피치를 자주하는 분들도 대상에 따라서는 떨려서 제대로 스피치를 하지 못하는 경우가 있다. 이러한 이유는 자신보다 청중들이 높은 지위를 가졌거나 전문가라고 생각해서 자신감이 없어지고 스피치하는 자신의 초조함에 온갖 신경을 쏟다 보니 스피치 내용이 생각나지 않게 되어 말이 헛나오며 스피치 내용은 더욱 뒤죽박죽되기도 하고 두서가 없어지기도 한다.

• 스피치 이상 증상

흔히 사람들은 많은 대중 앞에 서면 여러 가지 정신적인 변화와 신체적인 변화를 겪는다. 스피치에 대한 공포 증세는 스피커가 자신 없어 하는 것을 청중들이 알게 하며 신뢰감이 없어 보이기 쉽다.

떠는 현상은 사람에 따라 입술을 떠는 사람이 있기도 하고, 손이나 다리가 떨리는 사람이 있기도 하고, 온몸을 유난스레 떠는 사람도 있다. 떨림 현상은 목소리까지 떨리게 하여 듣기가 거북해진다.

• 흥분하게 하고 떨리는 이유

떨리는 이유에는 여러 가지가 있다. 정서가 불안정하여 어쩔 줄 몰라하기 때문에 떨리기도 하고 자신감이 없어서 미래에 닥쳐올 실패에 대하여 미리 겁이 나서 두렵기 때문에 떨리기도 하다. 흥분이나 기대가 지나치면 심장박동수를 높아지게 하며 가슴에 통증이 오게 하고 시선을 한 곳에 머무르지 못하게 한다.

• 떨림과 공포에 대한 실체를 알면 공포는 사라진다.

사람은 누구나 사람들 앞에 서면 정도의 차이는 있지만 떨리고 흥분한다. 사람은 두려움과 흥분이 생기면 상황을 피하려는 노력을 하게 되는데 이를 회피반응이라고 한다. 그러나 어쩔 수 없이 상황에 부딪쳐야 하는 경우에는 상황이 발생하기 전부터 미리 불안을 느끼는데 이를 예기불안이라고 한다. 피할 수 없는 정도가 클수록 일상생활에 장애를 가져오고 극심한 불안 반응이 일어나게 된다.

그러나 어떠한 불안도 막상 일을 해결하고 보면 의의로 별것 아닌 것으로 끝나는 경우가 많아 허탈감이 생기기도 하다. 이는 우리가 공포나 불안을 느끼는데 충실했지 공포나 불안을 해결하기 위한 방법을 생각하지 않았기 때문이다. 결국 공포는 무지와 불안의 산물이기 때문에 차분히 준비한다면 공포도 사라지게 된다.

• 스피치 도중 말문이 막히는 경우 응급조치 요령

숙련된 스피커라도 스피치 도중 말문이 막히는 경우가 종종 있다. 이때는 잠시 동안 아무것도 기억할 수 없고, 상응하는 대목을 원고에서 쉽사리 찾지 못하는 경우도 일어난다. 이런 상황에서 스피커는 당황하게 되어 스피치를 망치게 되는 경우가 있다. 그러나 이럴 때일수록 스피커는 침착해야 한다. 말문이 막히는 것을 피하기 위한 최상의 방법은 원고를 일목요연하게 구성하고 완벽하게 본인의 것으로 소화하는 것이다. 그러나 잘 준비하였는데도 말문이 막힐 때는 다음과 같이 해서 위기를 모면한다.

가) 스피치 내용을 생각하는 동안 지금까지의 스피치 내용을 다시 한 번 요약해 준다.

나) 창문을 열게 한다든가. 잠깐 동안 기지개를 켤 수 있게 만들어 준다.

다) 청중이 메모할 수 있도록 1-2분가량 시간을 준다.

라) 스피치와 관련된 내용에 대하여 질문한다.

마) 아무 내색도 하지 않고 다음 항목으로 넘어간다.

바) 가장 쉽게 할 수 있는 자신의 체험을 자연스럽게 이야기하면서 주제를 다시 떠올린다.

사) 완전히 생각이 나지 않아서 당황을 오래 하게 되면 솔직히 청중에게 사과하는 것이 오히려 스피커의 정직성을 살리는 것이다.

이처럼 동물에게도 칭찬의 힘은 크다. 그리고 사람에게는 더 말할 나위가 없다. 칭찬 한마디가 상대방 마음의 문을 열게 하고 나에 대한 호감을 갖게 하는 데 중요한 역할을 한다.

칭찬은 상대방에 대한 호감의 표현이다. 그러나 칭찬을 잘못하면 오히려 분위기가 이상해지고 서먹서먹한 관계로 가기 쉽다. 따라서 칭찬은 적절한 시기와 기회에 맞도록 해야 한다.

LEADERSHIP

09

서로를 사랑하는 사회를 위하여 | 자유의지의 발현

'우리 사상'
회복하기

흔히 사람들은, 인간이 있는 곳엔 분열과 갈등이 있을 수밖에 없다고 말한다. 결코 그렇지 않다. 그것은 서로가 '하나'라는 본래의 상태, 곧 '인간성'을 잃어버렸기 때문이다. 탐욕의 독성에 오염된 문명이 부채질하는 무한경쟁에 휘말려 점점 더 분열되고 스스로 인간성을 파괴하고 있는 것이다.

즐겁고 행복한 인생으로 변화시키기 위해서는 인간 본래의 상태를 회복해야 한다. 인간은 결코 홀로 존재할 수 없다. 인간은 타자와의 관계 속에서 생존 가능한 존재이다.

자원봉사는 그것을 통하여 타자와의 관계를 회복하고 내 존재가 새롭게 태어나는 실존적 노력이다. 단순히 어려운 사람이나 지역사회 문제해결을 도와주는 선행만을 의미하는 것은 아니라는 뜻이다.

여기서 중요한 핵심어는 '우리'라는 인간관이다. 전통적인 '우리' 사상은, 둘을 더하면 하나이면서 둘이라는 독특한 논리를 구성한다. 즉, 모든 사물은 하나이면서 둘이요, 둘이면서 하나라는 논리이다. 우리 민족에게서 너와 나는 둘이 아닌 '우리'로서 하나이다. 하늘과

땅과 나는 셋이 아니라 '우리'로서 하나이다. 조상과 나와 후손 역시 하나이다. 이러한 우리 사상을 '다원적 일원론'이라고도 한다.

우리는 이러한 '우리 사상' 곧 다원적 일원론의 사상의 영향으로 공동체 문화가 매우 발달했다. 우리 조상들은 자원봉사란 용어를 사용하지는 않았지만 오늘날 우리의 자원봉사보다 훨씬 심오하고 인간적인 일상 속의 풍속을 발전시켰다. 즉 우리 조상들은 자생적인 풍속으로 자원봉사를 실현하였다는 말이다.

이처럼 다원적 일원론이라는 한국인의 독특한 사유방식은 '우리'라는 생활공동체를 만들어냈다. 이 공동체들은 서로 배타적인 것이 아니라 서로 그물처럼 얽혀서 더 큰 하나의 공동체로 모아진다. 다시 말해서 가족을 사랑하는 만큼 이웃을 사랑하고 이웃을 사랑하는 만큼 나라를 사랑하는 것이다. 이것은 순응의 도리이며 곧 인화추구(人和追求)의 정신이다.

지금까지 우리 사회는 이러한 공동체 정신을 망각하고 있었다. '본래의 상태'를 상실하고 물질문명에 오염된 현상적 모습에 연연하고 있다. 이제 우리는 전통적인 공동체 정신인 '우리 사상'을 되찾아야만 한다. 우리 사상은 자원봉사의 가치이고 자원봉사자들이 회복해야 할 목표이기도 하다.

탐욕에서 벗어날 때, 비로소 너와 나는 '우리'가 될 수 있다. 그렇다. 진정으로 행복하려면 서로 의지하고 돕는 '우리'가 되어야 할 것이다. '우리 사상'을 회복하는 것이야말로 우리들의 의무이고 자원봉사자가 추구해야 할 이념이요, 가치라고 하겠다.

서로를 사랑하는 사회를 위하여

흔히 사람들은 우리 사회에서 왜 이리 무모한 경쟁을 해야 하는지 안타깝다고 말한다. 그러면서 사람들은 오늘의 경쟁사회를 적자생존이라는 논리를 앞세워 합리화한다.

그렇다면 과연 환경에 적합한 개체만 살아남는다는 다윈식의 적자생존은 불변의 진리일까? 필자는 확고하게 아니라고 대답할 수 있다. 다윈식의 적자생존은 인류문명에 오류를 남기고 있다. 그것은, 우리가 적응해야 할 환경이 어떤 것이냐의 문제를 간과하고 적합성만을 강조함으로써 적합한 자는 살아남고, 살아남은 자는 적합하다는 결과주의에 함몰되어 결국 탐욕에 오염된 물질문명을 정당화하는 동시에 물질문명에 적응하기 유리한 자들의 폭력성까지 정당화하고 마는 것이다. 또한 적자생존은 생존방식 중 단지 하나일 뿐임에도 다른 방식의 가능성을 봉쇄하는 오류를 남기고 있다. 환경에 불화하지 않고 적합성을 높이는 것이 그 개체의 생존에는 유리할 수 있지만 잘못된 환경이라면 적합성을 낮추는 것이 오히려 전체의 복리와 인간성을 실현하는 길이 될 수 있다는 점을 간과한 것이다. 즉, 편협한 이기심을 뛰어넘어 행동하려는 호혜성의 유전자를 가지고 있으므로 서로 배려하고 협력하는 애자생존(愛者生存)의 방식이 생존하는 데 더 유리할 수 있다. 우리에게는 이러한 이타적 행동으로 생존을 유리하게 만드는 상생의 유전자도 있다.

지금까지의 현대 물질문명은 다윈식의 적자생존을 신화처럼 받들고 있었다. 탐욕의 독성으로 오염된 물질문명에 적응하는 것은 오히려 인간성을 파괴하는 것으로, 진화가 아니라 퇴화이다.

공멸을 피하려면 탐욕으로 얼룩진 승자독식의 경쟁을 버리고 새로운 생존방식을 찾아야 한다. 즉 인류문명의 진화 방향은 적자생존에서 애자생존으로 전환되어야 하는 것이다.

그런 의미에서 우리는 '상생의 유전자'를 물려받았다. 상생의 유전자는 서로 신뢰하고 양보하는 능력, 사랑의 힘이다.

또한 우리는 양보하면 양보 받는다는 호혜의 원리를 유산으로 물려받았다. 따라서 자신이 덜 이기적으로 행동하는 것이 나에게 더 유익하다는 것을 잘 알고 있다. 탐욕으로 인해 노골적으로 드러나는 인간의 공격본능을 제어하는 힘은 사랑의 힘뿐이다. 사랑의 힘은 그 어떤 힘보다 강하다. 사랑에 의한 양보의 힘은 자기를 비워 다른 사람에게 희망을 주고 상승의 희열과 상생의 행복을 보장한다.

사랑의 힘은 상생의 유전자인 순수한 '호혜의 원리'에 따라 양보하고 아름답게 '지는 능력'이다. 사랑의 힘만이 무한 경쟁 시대에서 스스로를 비워 패배함으로써, 독성으로 오염된 세상을 회복시킨다. 사랑의 힘으로 승리보다 아름다운 패배를 받아들이는 사람이 늘어날 때, 상생의 유전자를 발전시킬 때, 적자생존의 신화는 깨지고 비로소 우리 사회는 모두가 승리자가 되는 '애자생존'의 시대를 맞게 될 것이다.

자유의지의 발현

실패의 비극을 두려워하지 않고 자신이 가야 할 길을 당당히 가는 사람의 정신을 '비극정신'이라고 한다. 비극정신은 비록 실패하게 되지만 그 속에 함몰되지 않는 자유의지이다. 이처럼 고통스런 비극을 두려워하지 않고 당당히 정도를 걷는 사람들이 있다. 이들처럼 행동할 때 우리는 비로소 행복을 만끽할 수 있다. 행복은 자유로운 정신으로부터 나오는 것이다.

그런데 현대의 사람들은 물질문명에 투항하였고 우리에게서 이러한 비극정신이 사라지고 있다. 시인 엘리엇은 〈텅 빈 사람들〉에서 비극정신이 결여된 인간을 속이 텅텅 빈 허수아비와 같은 존재로 묘사하였다. 고통을 감수하고 자유의지로 인간성을 지키려는 비극정신의 실현이야말로 허수아비 같은 존재에서 탈피하여 진정한 자기를 실현하는 길이다.

우리는 삶의 방식과 환경을 변화시키기 위하여 적극적 자유의지를 실현하는 방법을 찾아야 한다. 결국 자기 자신이 스스로의 미래를 선택해야 하는 주체인 것이다. 자유의지는 자율성과 자발성의 연쇄적 작용이다. 따라서 자율성은 강력한 자기욕구를 반영하지만 자발성은 타자의 욕구가 동시에 고려된다. 따라서 자발성은 자기 자신을 바로 세우려는 기제로서 보이지 않는 저항을 극복하고 다른 사람의 필요에 기꺼이 응하는 마음이다.

인간은 근본적으로 다른 사람을 돕고 사회에 기여함으로써 행복을 실현하려는 상생의 유전자를 가진 존재이다. 따라서 우리의 사명은 자신에게 부여된 자유의지를 통하여 탐욕으로 오염된 물질문명의 적자생존을 거부하고 인류애로 서로 연대하여 애자생존의 문명을 회복하는 것이다.

인간관계의 회복 | 사회적 자본의 구축 | 인간안보의 실현

자원봉사에도
목표가
있다

인간관계의 회복

많은 사람들이 자기 자신의 행복을 위해 살아간다. 스스로가 불행하게 되기를 원하는 사람은 그 어디에도 없다.

그렇다면 진정 행복하게 살려면 어떻게 해야 하는 것일까? 정답은 의외로 간단하다. 자기부터 행복하게 살면 된다. 나와 너의 행복은 결코 한 가지가 따로 떨어져 존재하는 것이 아니다. 상대를 행복하게 하면 나에게 행복이 돌아오고 불행하게 하면 불행이 돌아온다. 사랑하면 사랑이 돌아오고 미워하면 미움이 돌아온다. 진정으로 행복하려면 나에게 행복이 돌아오도록 행복을 베풀며 살아야 한다.

이웃을 살피고 보살펴 사람 사는 도리를 지키는 것은 바로 나 자신을 행복하게 한다. 자기만 행복하겠다고 하는 사람은 결코 행복할 수 없다. 사람은 서로에게 환경이 된다. 다른 사람에게 좋은 환경인 사람은 사랑받으니 행복하지만, 이웃들에게 나쁜 환경인 사람은 배척받으니 불행할 수밖에 없다.

행복은 나와 관계하는 사람의 마음 즉, 환경에 따라 좌우된다. 나의 행복은 상대를 행복하게 해 줌으로써 얻어지는 반사작용의 결과물 같은 것이다. 진정으로 행복한 사람은 남을 행복하게 해 주는 사람이다. 빅토르 위고는 말했다. "지고지선의 행복이란 다른 사람으로부터 사랑받고 있다는 확신에서 나온다."

사회적 자본의 구축

대부분의 연구자들은 부의 실현이 행복을 가져다주는 것은 아니며, 필요이상의 부의 축적으로 행복감이 오히려 감소된다고 말한다. 그렇지만 필자를 비롯한 많은 사람들이 경험적으로 아는 것처럼 돈이 없으면 행복할 수 없다. 돈은 행복에 대해 직접적이면서 긍정적인 영향을 끼친다.

게오르그 짐멜은 그의 저서 《돈의 철학》에서 인간은 돈을 축적함으로써 예속으로부터 벗어나 주체적 인간으로서 살아갈 수 있다고 보았다. 중요한 것은 경제적 능력과 인간관계 역량을 모두 충족시켜야 한다는 것이다. 경제능력은 경쟁능력을 의미하고 인간관계는 양보능력을 의미한다. 상충적인 두 행위가 과연 조화를 이룰 수 있을 것인가? 그것이 바로 행복의 관건이 된다.

지금 인류사회는 오늘날 사회적 위기의 주된 원인이 과도한 경쟁에서 비롯된 것임을 깨닫고 건강한 경제발전과 번영하는 공동체를 이룩하기 위해서는 경쟁능력과 양보능력이 조화되어야 한다는 사실에 주목하고 있다.

하버드 대학의 푸트남 교수는 〈번영하는 공동체〉라는 논문을 통하여 공동체 의식과 경제발전의 상호관계를 연구한 바 있다. 푸트남 교수는, 이웃과 서로 돕고 나누며 더불어 사는 미풍양속과 전통을 가진 지역, 그리고 이 전통을 자녀들에게도 가르쳐 계승하고 실천하는 지역은 경제도 발전하고 범죄율이 낮았다고 주장한다.

그의 연구에 따르면, 더불어 살아가는 시민의식을 가진 사회의 청소년들은 이웃의 영향으로 긍정적인 인생관과 생활태도를 갖게 되어 범죄에 물들 확률도 적다는 것이다. 즉, 더불어 사는 태도가 그 마을, 그 도시 등 지역에까지 긍정적인 영향을 끼친다는 것이다.

특히 이탈리아 북부 지역이 서로 돕고 더불어 사는 좋은 사회를 건설할 수 있었던 것은 그곳의 경제가 발전한 결과가 아니라, 오히려 이웃을 돌보며 이웃과 좋은 관계를 맺고 더불어 살아가는 삶을 살아감으로써 경제도 발전하게 되었다고 한다.

인간안보의 실현

오늘날 우리 사회에서는 패자부활전이란 없다. 약육강식의 경쟁에서 실패하면 소외와 차별을 겪으며 도태될 수밖에 없다. 벼랑 끝 위기에 몰린 패배자들은 결국 이러한 사회를 향하여 역습을 가하는 지경에 이르렀다. 좌절 끝에 스스로에게 분노하여 자해하거나 급기야 냉혹한 사회에 증오심을 드러내며 공격을 가한다. 최근의 통계를 보면 살인사건의 대부분이 사회 불만에 의한 우발적 사건인 경우이다. 우리 사회에는 '묻지 마 범죄'가 일상화되고 누구나 죄 없이도 피해자가 될 수 있는 상황에 처했다. 현재 우리 사회에는 좌절과 분노, 증오로 만들어진 무서운 인간폭탄이 도처에 널려 있다.

약육강식의 경쟁에서 실패함으로써 절망과 증오로 응어리진 사람들이 늘어나면서, 핵폭탄보다 더 무섭게 인간안보를 위협하고 있다. 제아무리 부강한 나라일지라도, 좌절과 증오심을 가진 사람들이 그 사회를 가득 채우고 있다면 위험천만하기 그지없다.

노벨 평화상 수상자인 아리아스는 유엔에서 '인간안보'의 필요성에 대해 역설하면서 "이제 우리는 평화와 질서 유지, 빈부 격차의 해소, 생태계 보전과 환경오염 방지, 지구 온난화 억제, 기아와 질병으로부터의 구제, 핵 확산 방지, 인권 보호 등 인간의 안전 보장을 위해 할 수 있는 모든 협력을 기울여야 한다." 라고 주장했다. 아리아스는, 인간안보 논리의 출발이 가난, 질병, 자연 재해로 인한 인명피해가 전쟁과 테러리즘에 대한 인명피해보다 더 크다는 사실에 기반하고 있다고 역설하였다.

최근 범죄현상의 특징은 불특정 다수를 대상으로 무차별적으로 일어나고 있다는 것이다. 오늘날의 불특정, 무차별적인 범죄를 두고 '패자의 역습'이라고 한다. 지금 우리 사회에는 경쟁에서 패배하고 퇴로 없이 벼랑 끝으로 몰린 채, 불특정 다수에게 증오심을 드러내는 '패자의 역습'이 일상화되고 있다.

절대적 빈곤보다 더 무서운 것이 상대적 빈곤이다. 경제발전은 차별을 야기하고 차별은 인간관계를 파괴한다. 앞으로 우리는 인간성이 살아 있는 경제발전을 추구하고 경제의 중심에 인간이 자리 잡도록 용기를 갖고 노력해야 한다. 인간안보를 실현하기 위해서는, 양보의 정신에 입각하여 성장과 분배의 균형을 맞추려는 노력들을 경주해야 한다. 이러한 노력은 상호 간의 쌍방적 연대를 통하여 실현될 수 있다.

현대 사회에 있어서 인간의 문제는 이제 더 이상 개개인의 책임으로 치부할 수 없는 지경에까지 이르렀다. 이웃의 문제를 곧 우리 자신의 문제로 받아들임으로써, 모두가 함께 해결하는 사회적 연대가 필요하다. 자신과 다른 사람의 행복을 위해 더불어 살아간다는 연대방식이 곧 인간안보를 실현하는 것임을 잊어서는 안 된다.

그렇다면 진정 행복하게 살려면 어떻게 해야 하는 것일까? 정답은 의외로 간단하다. 자기부터 행복하게 살면 된다. 나와 너의 행복은 결코 한 가지가 따로 떨어져 존재하는 것이 아니다. 상대를 행복하게 하면 나에게 행복이 돌아오고 불행하게 하면 불행이 돌아온다. 사랑하면 사랑이 돌아오고 미워하면 미움이 돌아온다. 진정으로 행복하려면 나에게 행복이 돌아오도록 행복을 베풀며 살아야 한다.

LEADERSHIP

11

자원봉사,
제대로 알자

자원봉사는 우리의 것

따지고 보면 인류사회는 '자원봉사'라는 말이 생기기 이전부터 이웃을 돕고 타인을 배려하며 상부상조하는 풍속을 갖고 있었다. 우리나라 역시 세계 그 어느 나라보다 공동체 풍속이 발달한 나라이다. 우리 민족은 이미 삼한시대부터 생활문화로서 오늘날 자원봉사에 비견되는 민간차원의 인보(隣保) 제도를 만들어 오랜 역사 동안 발전시켜 왔다. 특히 우리나라에서 체계를 갖춘 자원봉사운동이 태동된 시기를 16세기, 좀 더 정확하게 말하자면 중종12년(1517) 이후부터라고 할 수 있다.

16세기 들어 두 차례 전쟁과 기근으로 수많은 사람들이 목숨을 잃었으며 지배계층의 수탈은 민중의 삶을 더욱 피폐시켜, 한편으로 민중들은 저항을 시작하였고, 다른 한편으로는 생존을 위한 자구책으로 공동체 풍속을 발달시켰다. 당시는 향약과 계가 역사적으로 중요한 사회적 의미를 획득하는 시기로서, 민간 차원의 상부상조 노력을 국가차원으로 제도화하는 활동이 일어났던 것이다. 결국 자원봉사는 외국에서 들어온 개념이 아니라 우리나라의 전통적인 토대 속에서 탄생한 것이다. 전통적으로 우리 민족은 '다원적 일원론'이라는 독특한 '우리 사상'을 토대로 세계에서 가장 앞선 자원봉사체계를 발전시켜 왔다. 특히 우리나라에서는 계가 자원봉사운동의 주축이 되었다.

이에 대해서는 다산 정약용이 일찍이 지적한 바가 있다. 계는, 전통적으로 우리나라에서 공동의 목적을 수행·달성하기 위하여 구성원의 자발적 참여와 합의에 의하여 의도적으로 조직한 비교적 지속적인 모임이다. 즉, 공동체적 목적을 달성하기 위한 자발적 결사체였던 것이다. 예컨대 어려운 홀아비나 과부, 고아를 도우려는 구빈계, 부녀자들이 이삭을 주워 이웃을 돕는 이삭계, 미나리꽝을 공동으로 가꿔 그 이득으로 동짓날 동네 할머니들 버선을 지어 드리는 버선계, 병자를 돌보기 위한 약계 등을 만들어 어려움에 처한 이웃들을 돌보았다.

그러나 이러한 상부상조 결사체로서의 계는 일제의 탄압과 기만책에 따라 와해되고 사금융 형태의 식리계, 일확천금의 사행성을 조장하는 작파계, 만인계 등과 같은 도박성의 계가 성행하게 되었다. 이 같은 일제의 간교책에 따라 우리 민족 고유의 전통적인 자원봉사활동은 정체기를 맞게 되고, 그 대신 외국 선교사들에 의한 자선활동과 민족진영 혹은 친일파 지식인들에 의한 민중계몽활동이 주류를 이루게 되었다.

요컨대 민중의 자발적 참여로 형성되었던 전통적 자원봉사 체계가 무너지고, 이후 해방되면서 서구식의 자원봉사가 확대되어 오늘날에 이르고 있다. 결국 자원봉사는 최근 들어 외국에서 들어온 개념이 아니라 오히려 우리 민족이 전통적으로 자생시켰던 공동체 개념이라고 할 수 있을 것이다.

자원봉사는 호혜성의 원리를 따른다

결론부터 말하자면 자원봉사는 자선과 다르다. 자선은 '시혜성'이고, 자원봉사는 '호혜성'의 원리에 따른 인간관계 양식이다. 시혜는 일방적이고 수직적인 관계로서 위에서 아래로 '베푸는 것'이다. 그러나 호혜는 쌍방적이고 수평적 관계로서 '함께 나누는 것'이다.

요컨대 자선은 어려운 이웃을 '위하여' 한쪽이 일방적으로 베푸는 것으로서 상호관계는 변하지 않는다. 그러나 자원봉사는 어려운 이웃과 '함께' 서로의 마음과 재능, 물질을 나누는 것으로 쌍방의 상호관계에 변화가 일어난다. 자선은 도움행위 그 자체에 의미를 두지만 자원봉사는 도움행위를 매개로 하여 관계양식의 변화에 초점을 둔다.

자원봉사자에 대한 오해

우리는 실존적 한계로 인하여 도덕적 딜레마에 처해 있다. 필자처럼 자원봉사에 참여하면서도 도덕적 딜레마로부터 자유롭지 못해 자괴감에 빠진 사람들을 어렵지 않게 만날 수 있다. 사람이 하는 일인지라 자원봉사에도 한계가 있기 때문이다.

단언컨대 자원봉사는, 마치 우리 사회의 모든 문제를 해결해 주는 신비한 묘약이 아니다. 자원봉사자들은 도덕적 곤경으로부터 자유로운 천사들이 아니며, 자원봉사가 만병통치약인 것도 아니다.

자원봉사에 대한 오해 중 하나는 인간의 실존적 한계를 인식하지 못하고, 무책임한 사비주의 혹은 철없는 낙관주의에 젖는 것이다. 마치 자신이 세상 문제를 다 책임지는 것처럼 과장하며 자원봉사 만능주의에 빠진 사람들이 있다. 그러나 분명한 것은 자원봉사가 모든 것을 해결해 주는 것은 아니라는 점이다.

자원봉사를 하고자 하는 많은 사람들이 명심할 것이 있다. 자원봉사를 하려면 먼저 자신의 실존적 한계를 성찰해야 한다는 점이다. 다른 사람들이 자원봉사하지 않는다고 비난해서는 안 된다. 자원봉사는 삶의 주체가 스스로 결정할 하나의 선택일 뿐이다. 자원봉사활동 속에도 선(善)이 있고 동시에 위선과 독선이 있기 때문이다. 그것이 인간의 실존적 한계이다.

결론부터 말하자면, 세상 모든 사람이 자원봉사를 한다고 해서 갑자기 전 세계가 좋은 세상이 되는 것은 아니다.

또한 자원봉사자는 모든 문제를 해결하는 해결사가 아니다. 자원봉사가 신비로운 만병통치약인 것 역시 아니다. 당연히 문제가 있고 한계가 있다. 그러나 이러한 실존적 한계에도 불구하고 자원봉사는 자기 자신의 행복을 위해, 그리고 더 나은 세상을 위해 반드시 해야 할 일이다.

자원봉사자들이 있다

안타깝게도 많은 사람들은 가난한 이웃보다 부유한 사람들을 더 사랑한다. 또한 부유한 사람에게는 양보하면서 가난한 이들에게는 인색하다. 많은 사람들의 그러한 행동에는 이유가 있다. 힘센 무리로부터 소외되고 도태될까 불안하고 두렵기 때문이다. 약육강식의 물질문명 사회에서 적자생존을 위한 가장 확실한 안전장치는 '힘센 무리'의 일원이 되는 것이다.

또한 많은 사람들은 약자로부터 자신의 자유를 방어하기 위해 장벽을 만든다. 갈수록 장벽은 점점 높아져만 가고 사람은 보이지 않는다. 방어 장벽이 높아질수록 고독해지고 근원적인 분리 불안감은 더욱 상승된다.

사람들은 이러한 분리불안을 극복하기를 원한다. 그런데도 사람들은 사랑받기보다 더 많은 명예와 재산을 추구하는 데 집착한다. 그들이 사랑 없는 삶을 택하는 까닭은, 사랑을 선택하면 많은 것들과 장벽마저 허물어야 하고 '힘센 무리'로부터 분리되어 나약한 인간이 될 것이라는 두려움 때문이다. 사람들은 안전을 위해 무장을 시작한다. 모두 무자비한 전사가 되는 것이다. 그들은 사람을 경계하며 제각각 고독하게 살아간다.

그런데 아직도 우리 사회에는 천진한 미소를 지니고 사는 소수의 사람들도 있다. 그들은 바로 자원봉사자들이다. 그들은 자기 자신을 지키기 위해 다른 사람들처럼 무장하지 않는다. 근원적인 분리불안을 소유가 아니라 사랑으로 극복한다. 시류에 따른 경쟁보다 가치에 따른 양보로 분리불안을 해소한다.

그들은 두려움 없이 마음의 장벽을 허물고 상처 입은 이웃을 만난다. 그들은 비록 남루하고 약하지만 지혜롭다. 상처 입은 사람들이 마음의 문을 여는 것을 어려워한다는 것을 안다. 상처로 인한 불신이 얼마나 깊은지 알기에 기다리며 조용히 귀를 기울인다. 그리고 아직도 우리 사회가 살 만한 곳임을 전해 준다.

먼저 손을 내밀어라

사람들은 상처 입은 사람 곁에 다가서긴 하지만 차마 손을 내밀지 못한다. 그러나 타자의 고통을 나의 고통으로 공감하는 것만으로는 충분하지 않다. 공감은 타자를 받아들일 준비가 되었다는 신호에 불과하다. 나아가 두려움을 넘어 손을 내미는 용기를 가져야 한다.

먼저 손을 내민다는 것은 양보를 의미한다. 양보에는 희생이 따른다. 자신과 타자의 행복을 위해서 욕망을 줄이고 무엇인가를 양보해야 한다. 양보한다는 것은 우리 서로가 상대에게 의존적이며 또한 서로가 하나의 그물망으로 연결되어 있다는 사실을 비로소 깨달았다는 뜻이다. 많은 사람들이 그렇게 갈구해 마지않는 사랑을 구현하기 위해서는 감정적인 영역을 뛰어넘어 양보라는 구체적 행동을 해야 한다. 다시 말해서 양보는 곧 실천이며 행동이다.

따라서 자원봉사는 누구나 할 수 있지만, 아무나 할 수 없는 하나의 실천 명제가 되고 말았다. 그럼에도 불구하고 많은 자원봉사자들이 먼저 손을 내밀고 있다. 그들의 손은 보이지 않는 손이다. 그리고 그들의 손은 소박하고 투박하다. 자원봉사자들의 손은 어머니의 투박하고 소박한 손처럼 감동을 준다.

어머니의 보이지 않는 손은 아담 스미스의 이론 속에 나오는 탐욕의 손이 아니라, 양보와 희생의 '깨끗한 손'이다. 안타깝게도 지금은 소수의 자원봉사자들만이 어머니의 손을 내밀고 있다.

그들이 먼저 손을 내미는 이유는, 단지 소외된 이웃을 도와주려는 까닭이 아니다. 우리 사회의 경쟁 구조 속에서 상처 입고 낙오된 사람들이 자신과 남을 위해 살 수 있는 기회를 만들고자 하는 것이다. 자원봉사자들은 상처 받은 사람을 만날 때 사려 깊게 생각하고 상대를 존중한다. 비록 상처를 입었지만 모두가 성장할 수 있는 능력을 지니고 있다고 믿기에 자원봉사자들은 이웃들을 존경한다는 사실을 깨닫게 해주려고 노력한다. 이러한 노력은 이웃과 더불어 함께 살아가는 아름다운 일을 배우는 과정이다.

사랑을 믿어라

우리 사회의 약육강식 경쟁 구조 속에서 벼랑 끝으로 내몰린 패 자들의 역습이 일어나고 있다. 상처 입은 사람들은 시한폭탄이 되어 여기저기를 배회하고 사회를 향해 분노의 질주를 벌이고 있다.

에리히 프롬이 말했다. "우리 인간에게는 사회를 꾸리려는 본성, 사랑하고자 하는 본성이 내재되어 있다. 사랑은 인간이 존재하기 위 해서 가장 근본적으로 필요한 삶의 요건인 것이다. 사랑은 몇몇 예외 적인 인간만이 실천할 수 있는 것이 아니라 사회 전체에 필요한 현상 이라는 것을 믿어야 한다. 그 믿음은 추상적인 것이 아니라, 인간의 본성을 꿰뚫어 본 데서 나온 믿음이다."

에리히 프롬의 말처럼 사랑을 믿어야 한다. 인간에게 주어진 위 대한 상상력으로 완전한 사랑이 존재한다는 믿음을 가져야 한다. 이 러한 믿음은 완전한 사랑이 '결점 없는 상태'가 아니라 늘 새로워지 려는 연속적 과정으로서 '변화되는 과정'이라는 사실을 깨닫게 해 준다.

완전한 사랑은 그것에 대한 믿음을 갖고 차근차근 과정을 밟아가는 사이에 저절로 찾아오기 마련이다. 누구든지 따뜻한 마음을 가지고, 불행에 처한 이웃을 향해 도움의 손을 내밀면, 모두가 행복해질 것이다. 완전한 사랑이 기적을 일으킨다.

진정한 자원봉사자는 대단한 사람들이 아니라 보통 사람들이다. 특별한 능력을 갖고 있지는 않지만, 사랑의 힘이 무엇인지 굳이 알려고도 하지 않지만 완전한 사랑을 믿는 사람들이다. 그러한 믿음으로 그들은 상처 입고 소외된 사람들을 두려워하지 않고 자신의 피붙이처럼 곁으로 다가가 행복으로 이끈다.

사람들은 상처 입은 사람 곁에 다가서긴 하지만 차마 손을 내
밀지 못한다. 그러나 타자의 고통을 나의 고통으로 공감하는
것만으로는 충분하지 않다. 공감은 타자를 받아들일 준비가
되었다는 신호에 불과하다. 나아가 두려움을 넘어 손을 내미
는 용기를 가져야 한다.

LEADERSHIP

12

자원봉사의
특성

선물의 조건

선물과 뇌물의 차이는 무엇인가? 만일 대가를 기대하지 않으면 선물이고 대가를 기대한다면 뇌물이라고 답한다면 맞기 하지만 2% 부족한 대답이다. 받은 선물보다 준 사람이 더 좋으면 선물이고, 준 사람보다 선물이 더 좋으면 뇌물이다.

그런데 선물문화가 변질되다 보니 요즘은 선물 안 주고 안 받는 문화까지 생겨나고 있다. 오늘날 진정한 선물을 찾아보기는 어렵다.

오늘날 우리 사회를 지배하는 시장경제가 발생하기 이전 원시공동체 사회에서는 선물원리에 의한 교환으로 생존에 필요한 자원을 획득하였다. 선물의 원리는 세 가지 순환 고리로 구성된다. 먼저 선물해야 할 의무, 주는 선물을 받아야 할 의무, 그리고 선물을 받았으면 이에 보은해야 할 의무가 연쇄적 과정으로 이루어지면서 공동체는 유지되었다.

선물의 제1 원칙은, 선물을 받으면 반드시 보은해야 한다는 것이다. 그런데 여기서 중요한 포인트는 "보은을 누구에게 어떻게 하느냐"의 문제이다. 첫째, 선물을 준 사람에게 보은을 하는 것인가? 아니면 다른 누구에게 해야 하는가? 둘째, 보은할 때 받은 이상으로 해야 하는가, 아니면 받은 것 가치만큼 되돌려 주어야 하는가? 그것도 아니면 받은 것 가치보다 적게 하는가? 등의 질문이 제기될 수 있다.

순수 선물의 제2의 원칙은, 보은을 하되 선물을 준 당사자가 아니라 제3자에게 하는 것이다(제3자성). 당사자에게 보은하는 것은 일종의 거래가 될 수 있고 공동체의 분열과 구성원 전체의 생존을 위한 자원의 편중이 일어날 수 있기 때문이다. 그러나 불가피하게 당사자 간에 상호보은이 이루어지는 'Give and Take'의 경우에는, 선물이 아니라 '상부상조'라고 해야 한다.

선물의 제3 원칙은 비등가성, 즉 선물을 받고 보은을 할 때 동일가치가 아니라 나에게 여유 있는 것을 필요한 사람에게 제공하는 것이 된다. 내 입장에서가 아니라 제3자의 입장에서 필요를 파악하고 내가 보유하고 있는 것의 일부를 증여함을 의미한다.

이러한 세 가지 원칙은 보로메오 매듭으로 엮여져 있어 만일 그중 어느 하나가 훼손되면 선물로서의 순수성은 훼손된다. 다시 말해 순수한 선물이 아니라는 것이다.

이와 같이 타자에게 조건 없이 증여하는 순수 선물의 원리는 생존에 필요한 자원을 향유할 뿐만 아니라, 서로를 인정하고 수용하는 평화로운 관계를 가능하게 하였다. 선물행위는 의사전달 기능, 사회적 교류 기능, 경제적 기능, 사회화 기능 등을 담당하였던 것이다.

진정한 행복은 돈으로 살 수 없다. 돈으로 살 수 없는 행복의 핵심 요소는 조건 없는 나눔의 선물이다. 행복하길 원한다면 돈도 벌어야 한다. 그러나 버는 것으로 그쳐서는 행복할 수 없다. 돈은 타자를 위해 쓸 줄 알아야 한다. 특히 상처 입은 사람들에게 그들이 필요한 것을, 비록 작은 것이라도 순수하게 선물할 때 행복이 피어난다.

선물은 꼭 필요한 제3자에게 자신의 돈과 시간과 재능 등을 조건 없이 증여하는 것이다. 진정 행복하길 원한다면 순수 선물의 가치를 회복해야 한다. 자원봉사는 이 순수 선물의 가치를 실천하며 지켜 나가는 가장 확고한 방안이다.

호혜성과 자발성

혹시 현재 우리 사는 사회에 대해 생각해 본 적이 있는가? 우리 사회는 두 개의 거대한 체계, 곧 시장경제와 선물경제로 구성된다. 시장경제를 작동하는 핵심 엔진이 합리성이라면 선물경제의 핵심 엔진은 호혜성이다. 산업혁명 이후 시장경제가 선물경제를 축출하고 경제 세계를 통일하였고 스스로 제왕적 지위에 올랐다. 현대 사회에서 선물경제는 식물인간이 되어 소수의 자원봉사자들에 의해 생명을 부지하고 있다. 일부 자원봉사자들은 자신들의 고유한 특성인 순수 호혜 정신을 잃어버리고 변질되고 있다.

결론부터 말하면, 시장경제는 위기다. 시장경제가 사회를 통일한 후에 승자독식의 경제제도를 실시함으로써 사람들은 먹고사는 것은 훨씬 나아졌지만 행복과는 점점 멀어져 가고 있다. 경쟁에서 막다른 골목에 내몰린 '패자들의 역습'이 시작되었으며, 경제성장마저도 침체되어 시장경제를 지지하던 사람들 가운데서도 불만이 속출하고 있다. 행복을 추구하는 선물경제를 지지하는 세력, 곧 자원봉사자들이 대반격하며 '제4의 물결'을 일으키고 있다. 자원봉사자들의 고유한 특성, 선물경제의 핵심 엔진인 순수 호혜의 정신이 되살아나고 있다.

그렇다면 시장경제에 반기를 든 자원봉사자들의 특성, 호혜성이란 무엇인가? 호혜성을 구성하는 요소에는 세 가지가 있다. 첫째는 순수한 호혜이고, 둘째는 균형적 호혜이며, 셋째는 부정적 호혜이다. 이 세 가지 요소는 성격이 매우 다르다. 시장경제와 선물경제가 대립할 때 순박한 순수 호혜는 선물경제의 충복이 되었고, 영악한 부정적 호혜는 시장경제의 충복이 되었다. 균형적 호혜는 이러지도 저러지도 못하여 중립을 지켰다.

시장경제와 손을 잡은 부정적 호혜는 영악스런 실력을 발휘하여 경제제국을 통일하는 데 일등공신이 되어 합리성이란 결과를 획득했다. 그로 인해 부정적 호혜는 오늘날에도 '경제적 인간'들에게 추앙받으면서 세상을 지배하고 있다. 시장경제 세력에 의해 밀려난 후 순수호혜는 선물경제와 함께 축출되어 지금은 우리들의 가족제도 내에서 겨우 목숨을 부지하고 있다.

선물경제는 시장경제에 밀려나 식물인간이 되었고, 순수호혜 역시 훗날 '합리성'으로 변신한 부정적 호혜에게 밀려나고 말았다. 우리 사회의 경제는 승자독식의 이념에 따라 움직이고 있다. 찬란한 물질문명 아래 더 많이 소유하고 더 많이 소비하지 않으면 가차 없이 숙청되고 도태되고 만다.

그렇다면 우리에게 영영 희망이란 없는가? 그러나 아직 기회는 남아 있다. 소수인 자원봉사자들에 의해 '제4의 물결'이 시작되었기 때문이다. 최근 그 숫자가 눈에 띄게 늘어나고 있다. 승자독식의 경쟁논리, 탐욕의 독성에 물든 현대 물질문명에 회의를 느낀 자원봉사자들이 새로운 문명을 모색하고 있다. 선물경제가 다시 회복되어 순수 호혜의 시대가 열리길 바라면서 말이다.

선물경제의 영향 아래에 있는 자원봉사자들은 '호혜성'과 함께 '자발성'도 소중한 가치로 삼고 있다. 자유의지에 따라 자발적으로 탐욕을 떨치고 누군가를 사랑할 수 있다는 것은 그들의 자부심이고 행복의 원천이기 때문이다. 그러나 자칫 자발성은 마치 칼과 같아서 좋은 일에 쓰면 아름다운 친구가 되지만, 나쁜 용도로 쓰면 추악한 흉기가 될 수도 있다. 따라서 우리는 자발성이 순수호혜의 원리에서 벗어나지 않도록 지켜보고 스스로 다스려야 한다.

향유하라 모두가 행복할 것이다

지금은 소유와 소비의 물질문명에 저항하는 제4의 물결이 거대한 물보라를 일으키며 밀려오고 있다. 자원봉사자들이 선물원리를 앞세워 순수호혜의 세상을 확장하고 있는 것이다. 그들은 탐욕의 독성에 오염된 물질문명을 정화하자고 목소리를 높인다. 자원봉사자들이 주장하는 것은 무소유의 높은 이상이 아니다. 소유하되, 함께 누리는 것. 이것이 그들의 주장이다.

완전한 행복을 누리려면 소유의 욕망에서 벗어나야 함에도 불구하고 우리는 결코 소유의 욕망을 버릴 수 없다. 모든 인간은 소유로부터 자유로울 수 없다. 완전한 무소유란 불가능한 것이며 소유를 포기한다면 우리 사회에서 결코 생존할 수 없다. 우리 모두는 실존적 한계와 맞닥뜨릴 수밖에 없다.

아이러니하게도 행복하려면 완전한 행복을 포기해야 한다. 완전한 행복이란 이 세상에서는 절대 불가능하기 때문이다. 이 세상에서의 행복은 불완전한 것이다. 불행의 조각들과 행복의 조각들이 각자의 취향과 상황에 따라 결합한 조합체가 이 세상에서의 행복인 것이다. 우리가 진정으로 행복하기 위해서는 불행의 조각을 감수해야 한다.

그렇다면 우리가 소유의 욕망을 충족하면서도 행복할 방법은 없을까? 우리가 생존하기 위해서는 반드시 소유해야 한다. 그러나 소유하되 그 소유를 혼자 누리지 않고 함께 누리면 그것이 행복인 것이다. 재능과 지식, 재물을 소유하되 다른 사람과 함께 향유한다면 행복할 수 있을 것이다. 무소유가 애당초 불가능한 것이라면, 자신의 소유를 다른 사람과 함께 향유하는 것이 이 세상에서의 행복을 가능하게 할 것이다.

자원봉사활동은 무소유의 높은 이상을 추구하는 것이 아니다.

사람을 신뢰하고 그 믿음으로 자신의 세계를 개방하는 것이다. 자신을 비롯한 모두가 즐거워하고 행복감을 누린다. 분명 나의 소유이지만 모든 사람들이 함께 누린다. 이것이 자원봉사의 원리이다.

나의 시간, 재능, 내 마음의 여유들을 개방하는 순간 모든 사람들이 함께 행복을 누린다. 소유하되 향유로 나아가자. 향유정신이야말로 순수 선물의 가치, 순수호혜의 원리를 실현하는 가장 아름답고 좋은 방법이다.

자원봉사의 네 가지 원칙

자발성의 원칙

에리히 프롬은 《자유로부터의 도피》에서 현대 사회의 병리적 문제를 해결하는 방법으로 사랑과 일이라는 '자발적 활동'을 제시했다. 즉, '자발성'은 남에게 의존하거나 이끌리지 않는 자유의지, '활동'은 창조적 움직임을 뜻한다. 그리고 "인간이 사회를 제어하고 경제 기구를 인간의 행복이라는 목적에 종속시킬 때에만, 또한 인간이 사회 과정에 적극적으로 참여할 때에만 인간은 지금 자신을 절망에 빠뜨리고 있는 고독과 무력감을 극복할 수 있다"고 결론하였다.

자발성이란 타인에게서의 명령이나 구속에 의하여 마지못해 행하는 것이 아니라 자신이 직면하고 생각한 후 결정하여 자기의지에 의하여 행동하는 것이다. 자원봉사활동에 있어서 자발성은 가장 중요한 전제조건으로서 여러 가지 지역사회 문제들을 자신의 문제로 받아들여 개개인의 자유로운 의사와 주체성에 의해 활동해 나가는 것을 강조하는 말이다.

오늘날의 사회와 같이 고도로 분화된 조직에서는 시민 각자가 사회의 일원으로서 이웃의 불행, 공동체의 위기나 사회문제를 외면하지 않고 문제해결을 위하여 자주적으로 스스로 행동하는 결단이 요구된다. 여기서 자발성은 자신에게 최대한의 유익을 추구하는 기제로 작용하므로 가치판단에 따라 사회 전체의 유익을 추구할 수도 있지만 경우에 따라 편협한 이기심의 기제가 될 수도 있다.

요약해서 말하자면 자발성이 인간에게 주어진 자유의지를 발휘하여 사회에 공헌할 수도 있지만 현대 물질문명에 오염되어 반사회적 에너지로 작용할 수도 있다는 것이다. 나아가 공감과정에서 상호 간에 감정이 일치하지 않을 경우, 타자의 거부로 인한 갈등을 야기할 수도 있다. 요컨대 자유의지의 표현으로서의 자발성은 호혜성의 원리, 상생의 유전자와 보로메오 매듭으로 묶어질 때 탁월한 미덕을 발휘하여 자신과 타자에게 기여할 수 있다.

공공성의 원칙

자원봉사활동은 복지성 또는 공공성을 갖고 있어야 한다. 왜냐하면 자원봉사활동은 자신의 이익이나 일시적 감정으로서가 아니라 이웃과 더불어 복된 삶을 살기 위하여 책임감을 갖고 공동체의 구성원이나, 고난에 처한 한 사람 한 사람의 인간 복지 향상을 목표로 활동하는 것을 의미하기 때문이다. 비록 자발성을 충분히 갖고 있다고 하더라도 복지성 또는 공공성을 갖고 있지 못하다면 그것은 자원봉사활동이라고 할 수 없을 것이다.

자원봉사활동에 있어서 공공성이란 자발성에 이은 제2의 자원봉사 활동의 조건으로서 인간이 인간으로서 더욱 인간답게 행복해질 수 있도록 인간이 제각기 갖고 있는 가능성을 이끌어내며 다른 사람들과 공존하면서 행복을 창조하는 활동으로서의 성격을 말한다.

무급성의 원칙

자원봉사를 하면 당연히 물질적 이익은 없다. 그러나 정신적 이익은 원하지 않아도 발생한다.

자원봉사활동을 통하여 우리는 많은 정신적 이익을 얻을 수 있다. 만족감, 자아실현, 존경심, 좋은 친구와의 만남, 새로운 경험, 새로운 기회의 탐색, 지역사회 영향력 등은 물론 존재 능력의 향상, 건강증진과 미래의 축복과 같은 특별한 보너스를 자원봉사를 통하여 얻게 된다.

자원봉사를 통한 정신적 이익은 당연히 발생하고 이를 공개적으로 소개하며 자원봉사를 권장하고 있다. 그런데 여기서 중요한 것은 자원봉사자의 태도이다. 즉, "비록 내가 원하지 않아도 정신적 대가는 주어지지만 나는 그마저도 기대하지 않겠다"는 자원봉사자의 지향성이 갖추어져야 한다.

'무대가'라는 말은 물질적 이익이 없다는 일반적 의미도 있지만 보다 중요한 것은 자원봉사자의 결심을 나타내는 말이다. 이러한 결심은 자원봉사자의 정신적 지향성이다. 이는 보다 순수한 가치를 추구하려는 자원봉사자의 태도를 높이 평가하는 의미로 사용된다 할 것이다.

여기서 중요한 것은 자원봉사활동이란 무엇보다도 자기 자신의 행복을 위한 것으로 인식하고 시작해야 한다는 사실이다. 흔히 인간 행동은 두 가지 동기요인에서 유발되는데 하나는 보상동기이고 하나는 신바람의 동기이다. 물론 자원봉사활동의 동기는 신바람의 동기이다. 즉, 자신이 좋아서 하는, 그래서 자신의 시간, 재능, 그리고 비용까지 제공하면서도 즐거워서 하는 활동이라는 것이다.

과정성의 원칙

자원봉사활동을 하다 보면 우리는 예기치 않은 일에 직면할 수 있다. 자원봉사는 단순히 도움을 주는 것이 아니라 사람과 사회를 변화시키는 체계적 노력이다. 따라서 자원봉사를 할 때는 정의감을 갖고 잘못된 것은 개선하고 시정하려는 노력이 필요하다.

흔히들 자원봉사자들의 '일상성'에 대해서는 오해를 불러일으키는 부분이 있다. 우리는 여기서 자원봉사자들의 일상성이 아니라 모두의 일상성이라는 생각을 가질 필요가 있다. 자원봉사자들이 일상적으로 할 수 있는 일은 그리 많지 않다. 도움대상자와 언제나 함께할 수는 없기 때문이다. 따라서 도움을 받는 분들이 스스로 어려움을 해결해 가도록 계기와 전기를 만들며 변화해 가는 것이 '일상성'에 대해 바르게 이해하는 길이다.

'일상성'의 또 다른 의미는 한 인간으로서 존재하는 양식과 상당한 관련이 있다. 자원봉사를 할 때만 자원봉사자인 것이 아니라 삶 속에서 자원봉사의 가치를 실현해 나간다는 점에서 '일상성'은 중요한 의미를 갖는다.

자원봉사활동은 영화감상처럼 불이 켜지면 까맣게 잊어버리는 값싼 감동이 아니다. 그리고 특정한 날에, 특정한 곳에서만 수행하는 특별행사도 아니다. 명절이면 극장에 가듯이 시설을 방문하고서 '나도 자원봉사자'라고 말할 수는 없는 것이다.

자원봉사활동의 이해

사람에 대한 이해가 먼저다

모든 사람들에게는 자신만의 장단점이 있다. 그런데 문제는 사람들이 누군가의 단점만 살핀다는 것이다. 특히 사회적 약자를 바라보는 시각은 더 냉엄하다. 사회적 약자는 문제투성이일 것이라는 선입견 때문이다.

우리는 자원봉사를 통하여 단지 다른 사람을 도와주려는 것이 아니다. 누구에게나 장점이 있다는 사실을 깨닫고 장점을 찾아 인정해 주고 장점을 살리면 스스로 문제를 해결하고 다른 사람들에게 기여할 수 있음을 알려주는 것이다.

누구에게나 작은 가능성은 있다. 누구에게나 보잘것없어도 자랑거리는 있다. 사람은 누군가 자신을 인정해 주는 사람이 없으면 절망에 빠지고 분노를 느끼게 된다. 고민거리 들어주는 것보다 자랑거리 들어주는 일이 상처 입은 사람들에게 더 절실하다.

그렇다면 누가 그 작은 가능성을 존중해 줄 것인가? 누가 마음속에 꽁꽁 묻어 둔 자랑거리를 들어줄 것인가? 만약 그들의 작은 가능성에 귀를 기울인다면 그들, 그리고 당신, 그리고 나, 우리 모두에게 감동의 기적이 일어날 것이다. 자랑거리를 들어주고 작은 장점이 존중받고 있다는 것을 느끼도록 하는 것이야말로 우리 자원봉사자들이 해야 할 일 아니겠는가.

방법이해

자원봉사 행동에는 단순히 선의만이 아니라 적절한 능력과 방법이 수반되어야 한다. 에리히 프롬은 《사랑의 기술》이라는 책을 통하여 사랑에도 기술이 필요하다고 말한다. 물에 빠진 사람을 건지려면 구조법을 배워야 하듯이 자원봉사도 사랑할 수 있는 인격적 역량을 길러야 한다. 이러한 자원봉사자의 인격적 역량이란 결국 '양보의 능력' 곧 '지는 것으로 이기는 능력'이다.

우리가 명심해야 할 것은 자원봉사활동을 위한 학습은 '지기 위한 기술' 곧 '사랑의 기술'이라는 것이다. 대부분의 교육은 승리하고 성공하기 위한 방법에 초점을 둔다. 이는 결국 제한된 자원을 놓고 더 많이 차지하려는 경쟁에서 승리하는 방법을 가르치는 것이다. 그러나 자원봉사 교육은 할 수만 있다면 더 많이 양보함으로써 행복을 누리는 방법에 초점을 둔다. 자원봉사를 위한 교육의 본질은 "배워서 남주기 위한 훈련" "지기 위한 교육"인 것이다. 이기는 데도 능력과 기술이 필요하지만 지는 데도 능력과 기술이 필요하다.

목표이해

자원봉사를 바르게 실천하려면 어떻게 해야 할까? 필자는 다산 정약용의 《목민심서》를 추천한다. 목민심서의 애민육조를 보면 어떻게 자원봉사를 해야 하는지 잘 가르쳐 주고 있다. 부모 없는 아이들은 어떻게 보살펴야 하는지, 외로운 노인들은 어떻게 섬겨야 하는지, 재난재해가 일어났을 때는 어떻게 대처해야 하는지 등등 자원봉사의 참된 길을 가르쳐 주고 있다.

예컨대 노인을 섬기는 방법으로서 다산 정약용 선생은 "어려운 노인들에게 단순히 맛있는 음식을 대접하는 것이 아니라, 음식을 대접하며 삶의 지혜를 구하는 것이 진정 노인을 섬기는 것"이라고 가르치고 있다.

생애주기이론은 '내리사랑'을 노인의 특성적 품성으로 꼽고 있다. 필자 역시 홀로 사는 노인들이 외롭고 힘든 것은, 대접받고 사랑을 받지 못해서가 아니라, 대접하고 사랑을 줄 수 없기 때문임을 경험하였다. 다만 건강한 노인의 경우이다. 대접받기만을 좋아하는, '내리사랑'이 작동하지 않는 노인은 건강하지 못한 분들이다.

우리가 하는 자원봉사 실천의 핵심은 노인의 아름다운 품성 '내리사랑'을 되찾아 드리는 것이다. 인생살이 과정에서 가난과 소외, 차별과 배제 등으로 노인의 품성이 상처를 입은 것이다. 노인이 노인의 품성을 잃으면 결코 행복하지 못하다. 우리가 해야 할 일은 '내리사랑'의 회복으로 행복을 누리게 하는 것이다. 그래서 필자는 자원봉사는 대접하는 것이 아니라 대접받는 것이라고 역설적 표현을 즐겨한다.

명심할 것은, 자원봉사를 한답시고 상처 입은 사람들에게 무턱대고 달려들어서는 안 된다는 점이다. 먼저 그들에게 귀 기울여야 한다. 그들의 마음을 귀 기울여 들을 때 비로소 그들이 자신을 드러내는 존재의 울림을 깨닫게 된다. 우리는 그들의 표현에 깊은 존중을 가져야 한다. 자원봉사는 우리가 서 있는 위치로 끌어올리려는 것도, 그를 존경할 만한 사람으로 만들려는 것도 아니다. 그들도 자신과 남을 위해 기여할 수 있기에 우리가 존경한다는 것을 깨닫게 해주려는 것이다. 그들은 응답해 올 것이다. 그들에게 귀 기울이려면 그들이 타자에게 기여할 수 있다는 가능성과 기회가 그들의 권리임을 깨닫게 된다.

자원봉사의 단계

상황파악

'완장'이라는 단어를 국어사전에서 찾아보면 '신분이나 지위 따위를 나타내기 위하여 팔에 두르는 표장'이라고 나와 있다. 예컨대 축구선수 박주영의 팔에 채워진 완장은 헌신과 책임감, 그리고 자신감을 무장한 진정한 리더의 상징처럼 보인다. 스포츠 팀에서 선수가 완장을 차면 태도가 확실히 달라진다고 한다. 보다 성실해지고 헌신적으로 태도가 바뀐다. 책임의식이 그만큼 커졌기 때문이다. 우리 사회에서도 좋은 의미의 이런 완장기질이 필요하다.

자원봉사는 가슴에 완장을 차야 시작할 수 있다. 사람과 사회를 변화시키는 자원봉사의 첫 걸음은 문제를 파악하는 것으로부터 시작된다. 우리 사회에는 문제가 참으로 많다. 그러나 그 문제는 아무나 보지 못한다. 책임의식을 갖는 사람들 눈에만 보인다. 가슴에 완장을 차야 무엇을 할 것인지, 어떻게 할 것인지 상황과 방향을 파악할 수가 있다.

자원봉사는 특별한 곳에서가 아니라 자원봉사자가 있는 곳에서 이루어진다. 가슴에 완장을 찬 자원봉사자는 어디서든 다른 사람들이 보지 못하는 문제를 발견하고 문제를 보면 해결하려는 책임감을 발휘하게 된다.

사회복지 시설 등에서 여러 사람이 함께 활동하고자 하는 경우에는, 자원봉사자를 필요로 하는 사회복지 시설 등 각 분야의 명부를 수집하고 활동내용 및 조건 등에 대한 정보를 미리 파악하여야 한다. 여기에는 현황과 문제점, 요망사항 등은 물론 주소 및 위치, 교통수단 및 소요시간, 수용태도, 이전 또는 기존 자원봉사자의 활동현황, 봉사업무 환경과 필요한 기술, 문제점과 메리트 등 자율적 선택의 도움이 될 수 있는 정보도 포함되어야 한다.

봉사활동 현장의 실정에 대하여 충분한 정보가 없으면 충동적으로 선택하게 되고 적절한 계획을 세울 수도 없으므로 빗나간 행동이 되기 쉽다. 따라서 인터넷 검색을 통하여 정보를 얻고 전화나 방문을 통하여 구체적인 활동 방법을 협의하는 과정이 필요하다. 전문가의 조언을 받는 것이 유익하며 팀의 리더 및 동료들과 의견을 교환한다. 상황을 파악한 후에는 계획을 수립하고 성실하게 준비하여 실행에 임하여야 한다. 특히 여러 사람이 함께할 경우 활동을 마친 후 팀 구성원들이 모두 참여하여 활동내용을 평가하는 시간을 반드시 가져야 한다.

계획수립

자원봉사자가 계획을 수립할 때는 이상은 높게 가지되, 목표는 작게 설정해야 한다. 잘못된 현실을 회피하거나 안주하지 않고 직면하여 문제를 해결하려는 높은 이상을 세워야 한다. 그러나 사람들은 현 상태에 머물고 만다. 다음 겪어야 할 일들에 대한 두려움과 귀찮음 때문이다. 더 정확히 말하자면 이기심 때문이다.

자원봉사 계획 역시 자신의 삶을 어떻게 하면 풍요롭게 할 것인가에 초점을 두어야 한다. 즉, 자신을 위해 자원봉사를 하라. 이것이 '목표는 작게'라는 말의 의미이다. 이기심을 줄일수록 내 삶이 더 풍요롭고 행복해진다는 것은 분명한 만큼 믿어도 좋다. 따라서 이상은 높게 세워라. 그러나 자신의 인생 전체를 자원봉사에 매달리는 무모한 계획은 세우지 마라.

우리들의 삶의 터전을 바람직하게 유지 발전시키는 '이상은 높게'와 내 자신의 한계를 반영하는 '목표는 작게'는 풀기 어려운 딜레마 같지만 모두 삶을 풍요롭게 하는 데 기여한다. 따라서 이상은 높게 가지되 목표는 스스로 즐기면서 지속가능한 수준에서 결정되어야 한다.

한편 목표를 달성하기 위해서는, 비록 목표가 작다고 하더라도 실행을 위한 계획이 있어야 한다. 해야 할 일을 선정하고 할 수 있는 범위를 단계적으로 정하여 목적, 목표 및 활동시간, 장소, 예산, 업무분담 등이 반영된 실천 계획을 세워야 한다.

특히 자원봉사는 홀로 하는 일이 아니라 여러 유형의 사람들이 서로 영향을 주고받으며 이루어지는 사회적 행동이다. 따라서 책무가 주어진다. 자원봉사자로서 수행해야 할 업무를 분명히 알고 있어야 한다. 자원봉사자의 업무는 기본적으로 기관 또는 도움수요자에 의해서 요구된 것이고, 직원에 의해 요청된 것이며, 자원봉사자에 의해 실행될 수 있는 것이어야 한다.

실천준비

자원봉사를 준비할 때 가장 먼저 해야 할 일은 자기 자신이 풍요롭게 되는 것을 가로막는 장애물부터 제거하는 것이다. 개인적인 문제에서부터 직장, 가정 등이 장애요인이 될 수 있지만 사람마다 다를 것이다. 그러나 대체로 자기 자신이 자신의 행복을 가로막는 최대의 장애물이다. 장애물을 발견하고 제거하는 것이 자신에게 기여하고 동시에 타자에게 기여하는 지름길이다.

상처 입은 사람들에게 무턱대고 달려들 것이 아니라 천천히 다가서서 귀부터 기울여야 한다. 그들은 한 발자국 다가서면 두 발자국 물러선다. 우리에 대한 불신이 너무 깊기 때문이다. 단지 우리는 기다려야 할 뿐이다. 관계가 무르익어 서로 귀 기울일 수 있을 때 그들이 반 발자국씩 다가올 것이다. 그리하여 손을 내밀어 함께하는 삶으로 출발하는 것이다.

자원봉사활동을 할 때는 내용과 상황에 따라 먼저 준비해야 할 것이 있다. 시설이나 수요자의 사정에 대하여 충분한 검토와 이해를 근거로 적절하게 준비하지 않으면 자원봉사활동이 오히려 폐가 될 수 있다. 활동에 필요한 사전지식을 습득하는 데 소홀해서도 안 된다. 활동에 필요한 용품이나 비품의 준비는 물론 돌발적인 사태에 대한 대비책 등 세심한 마음의 준비를 해야 한다.

실행방법

자원봉사자는 인간에 대한 모범답안을 제시하는 사람이 아니라 친구가 되어 함께 새로운 모범답안을 찾는 사람이다. 가장 좋은 방법은 사람마다 다르고 상황에 따라 다르다. 어떤 경우에는 냉철하게 야단치는 것이 좋은 방법일 수도 있고, 어떤 경우에는 함께 손잡고 우는 것이 좋은 방법일 수 있다. 예컨대 아이에게 밥을 잘 먹이는 것이 바람직하지만 경우에 따라 밥을 굶기는 것이 더 바람직할 수도 있다. 그것은 아이 엄마가 가장 잘 알고 있다. 자원봉사의 가장 좋은 방법도 자원봉사자가 가장 잘 알아야 한다.

자원봉사를 할 때 기본적인 사항들은 함께 공유할 필요가 있다. 자원봉사를 하는 데 있어서, 특히 사람들과 함께 일하는 데 있어서 요구되는 바람직한 태도는 상대의 입장을 충분히 배려하는 마음이다. 다시 강조하지만 자원봉사는 단순히 도움을 제공하는 것이 아니라 도움을 제공하는 과정에서 문제를 해결하고 서로 인정하고 존중하는, 바람직한 관계를 형성하는 것이다. 이를 위해 다음과 같은 기본 원칙을 잘 지키는 것이 서로에게 도움이 될 것이다.

- 무엇보다도 모든 사람은 제각각 서로 다르며 그에 따라 욕구도 각각 다르다. 즉, 한 사람에게 적절한 것이 유사한 상황에 처한 모든 사람에게도 적절한 것은 아니라는 것이다. 따라서 각 사람마다 처한 상황에 맞는 시의적절한 방법으로 문제에 접근해야 한다.

- 사람들은 현재 자신의 모습 그대로 존중받을 권리와 스스로의 미래를 결정할 권리를 갖고 있다. 자원봉사를 할 때 상대에게 당장 시급하게 고쳐야 할 문제가 있더라도 상대의 자기결정권을 존중해야 한다. 또한 그 스스로 해결하는 데 다소 문제해결이 늦어지더라도 자신이 결정할 때까지 기다려주고 믿어 주는 것이 바람직하다.

- 모든 사람들은 자신의 능력 안에서 최대한의 주체성과 독립성을 견지하도록 배려되어야 한다. 만약 누군가가 문제에 처해 있다면 그 문제의 최고 전문가는 당연히 문제 당사자이다. 자원봉사자들은 당사자가 아닌 문제해결의 조력자일 뿐이다. 이러한 원칙은 노인, 장애인, 재난희생자 등 모든 사람에게 공평하게 적용되어야 한다.

- 자원봉사를 할 때 자원봉사자는 높은 수준의 가치관을 요구받는다. 모든 사람은 자원봉사 과정에서 자신의 비밀을 최대한 보장받을 권리가 있는데, 즉 자원봉사자는 자원봉사활동 과정에

서 알게 된 비밀을 반드시 지켜야 한다는 것이다. 이로 인해 종종 윤리적 딜레마에 빠질 때도 있다. 물론 이러한 경우, 정답은 없다. 자원봉사자 스스로가 상황에 따라 판단해야 한다.

- 모든 사람은 개인적 존엄성을 추구할 권리가 있다. 자원봉사를 할 때, 자원봉사자는 도움수요자를 현재의 상황, 개인적 습관이나 생활방식에 관계없이 한 사람의 인격체로서 존중해야 한다. 자원봉사자는 눈높이를 같이하는 친구이지 치료자가 아니다.

- 모든 사람이 명심해야 할 것은, 자원봉사활동의 근본적인 목적은 도움수요자의 삶의 질을 향상시키는 데 있다는 것이다. 자원봉사자의 모든 활동은 도움수요자의 변화를 위한 활동이 되어야 한다. 프로그램보다 인간이 중요하다는 말이다. 그런데 변화는 느리게 일어나므로 결과를 빨리 탐하려는 자세는 지양하는 것이 좋다.

- 자원봉사과정에서 가장 어려운 것이 사람과 상황에 대한 판단의 문제이다. 다른 사람의 문제를 분석하고 판단할 때는 적절한 절차와 방법에 따라야 한다. 감정에 치우치거나 편견 또는 선입견에 의한 자의적 판단은 위험천만한 일이다. 특정행동이 특정 상황에 적합한지 사려 깊게 판단하고, 만일 판단이 어려울 경우, 자원봉사 지도자나 전문가에게 도움을 요청하는 것이 바람직할 것이다.

모니터링

자원봉사를 시작할 때는 처음에는 순수하게 시작한다. 그러나 시간이 지나면서 점차 초심은 변질되고 사라지기 시작한다.

자원봉사를 하면서도 우리는 초심을 잃어버리고 어느 순간인가부터 자원봉사의 순수한 가치를 잃어버리고 자기 관점에서만 바라보고 있다. 스스로 자기 자세와 활동내용을 모니터링 해야 한다. 자기 자신의 내면의 울림에 귀를 기울여야 한다.

자원봉사를 시작할 때의 초심을 유지하기 위해서는 성찰과 점검이 필요하다. 자원봉사는 '선(善)'이지만 불완전한 사람이 하는 것이기에 '위선'이 되고 '독선'이 될 수도 있다. 잘 해보려고 하면 할수록 갈등도 일어난다. 문제가 있는 것이 지극히 정상이다. 만일 아무런 문제가 없었다면 그것이 문제이다. 중요한 것은 문제를 발견하고 고치는 일이다.

자원봉사, 이제부터가 시작이다

시작이 반이다

막상 자원봉사를 시작하려면 부담이 커지고 해낼 수 있을까, 실패할까 걱정한다. 다른 사람들도 마찬가지다. 그러나 우리 속담에 "시작이 반"이라는 말이 있다. 시작한다는 그 자체가 절반의 성공이라는 것이다. 그러나 뒤집어 놓고 생각해 보면 이 속담은 시작이 얼마나 어려운가를 역설적으로 말해 준다. 그럼에도 불구하고 시작이 없다면 결과도 없다. 실패를 두려워하여 씨앗을 뿌리지 않는다면 결코 그 어떤 열매도 얻을 수 없는 것이다.

자원봉사를 시작할 때 가장 좋은 방법은 작은 일부터 시작하는 것이다. 자원봉사는 자신이 감당할 수 있는 만큼만 하는 것이다. 시작도 거창하고 화려한 것이 아니라 남루하고 소박한 것이 바람직하다. 거대한 성벽도 작은 돌 하나로 시작되고, 울창한 숲도 작은 씨앗하나에서 시작된다. 천릿길도 한 걸음부터라고 하지 않던가. 무엇보다 자신의 인생을 풍요로운 세계로 인도하는 것은 시작하는 용기이다. 시작에 대한 두려움을 가슴속에 품고 있다면 결코 풍요로운 인생을 이룰 수 없을 것이다. 두려워 말고 이제부터 시작하자.

50%에서 시작하자

자원봉사를 시작하면서 먼저 어떤 일을 해야 할지를 결정해야 한다. 자신에게 100% 딱 맞는 자원봉사활동 테마는 세상에 존재하지 않는다. 오히려 자원봉사활동을 하면서 자신의 내면에 숨겨진 잠재력이 조금씩 드러나게 되고 점차 자신에게 맞는 일을 찾게 되는 것이다.

그러므로 처음 시작은 100%가 아닌 50% 수준에서 시작하는 것이 좋다. 특히 자원봉사를 통하여 자신도 미처 몰랐던 자기 재능을 발견할 수도 있다. 또한 평상시 잘 하는 일보다 새로운 일을 하는 것이 바람직하다. 새로운 분야를 경험하고 배우게 되는 좋은 기회이기 때문이다. 능력보다 의지를 우선하는 것도 좋은 선택방법이다. 즉, 할 수 있는 일보다 하고 싶은 일을 해야 즐겁고 성취감도 크기 때문이다.

특별하고 보람된 자원봉사 테마를 찾고자 한다면 첫째, 자신의 직업이나 주특기와 반대되는 일을 찾아보라. 오히려 그것이 자신을 더 풍요롭게 할 수 있다. 둘째, 자원봉사를 수행하는 과정에서 '원 플러스 원' 방식의 자원봉사를 적극 권장한다. 즉, 한 가지 역할만 계속하다 보면 지루하고 식상할 수도 있기 때문이다. 보다 적극적으로 다른 역할을 하나 더 추가하여 성취감을 증진시킬 수도 있다. 고정관념을 버리면 같은 일에서도 다양한 역할이 가능함을 발견하게 될 것이다. 셋째, 자원봉사는 클럽에 가입하거나 다른 동료들과 함께 클럽을 만들어 활동하는 것이 바람직하다. 자원봉사를 통하여 새로운 인간관계를 형성하는 것은 자원봉사과정에서 얻을 수 있는 특별한 보상이다. 다양한 사람들과 함께 일한다면 거기에서 새로운 일들이 만들어질 것이다. 넷째, 개인적인 문제를 자원봉사로 발전시키는 것도 좋은 방법이다. 개인적 문제는 더 이상 개인의 문제가 아니다. 처지가 비슷한 사람들과 함께 공동으로 대처하면서 또 다른 사람들에게 손을 내밀어 자원봉사로 발전시킬 수도 있다. 같은 이치로 자신의 취미활동을 다른 사람들과 함께 하면서 소외계층에게 손을 내밀어 자원봉사로 발전시킬 수도 있다. 마지막으로 특별하고 보람된 테마의 선정방법은 자기 자신에 충실하는 것이다. 왜냐하면 무엇을 원하는지,

상황이 어떠한지 본인이 가장 잘 알기 때문이다. 관건은 '의지'이다. 자원봉사가 자신에게 유익하다는 믿음과 자원봉사에 대한 의지만 있으면 자신에게 적합한 테마를 주변에서 찾아내게 될 것이다. 그러나 높은 성취감과 만족감을 제공해 주는 자원봉사 테마는 대부분 활동을 하는 과정에서 찾게 된다는 것을 유념하길 바란다.

자원봉사의 활동영역

자원봉사의 활동영역이 확대되고 자원봉사자들의 역할도 변화되고 있다. 자원봉사자들의 상상력은 인간행복에 관련된 모든 분야로 확대되고 있다. 이제 자원봉사자는 더 이상 전문가들의 보조자가 아니다. 자원봉사자는 자원봉사자의 고유한 역할을 수행하며 전문가나 유급직원들과 협력하는 동역자이다.

[개인적 차원]

- **사람을 돕는 활동**: 자원봉사의 가장 핵심적인 활동 영역이다. 도움을 필요로 하는 개인이나 집단과 직접 대면해서 관계를 맺고 자원봉사서비스를 제공하는 일이다. 상처를 입은 사람, 배재되고 소외된 이웃들이 처한 현실을 개선하고 일상생활의 곤란한 문제들을 해결하는 데 힘을 보태거나 편의를 제공하는 일이다. 이 모든 돕는 활동의 궁극적 목표는 새로운 관계양식을 만들어 가는 데 있다.

- **업무 및 행사 지원 활동**: 행정기관, 사회복지 시설 및 환경·소
  비자 보호단체 등에서 민원안내 및 상담, 서류분류 및 정리, 접
  수업무, 전화응답, 우편처리 등의 사무를 처리하거나 행정적 업
  무를 지원하는 일이다. 그리고 홍보활동 및 모금활동 등 각종
  행사를 지원하는 일이다.

- **기획 및 자문 역할**: 경영·행정에 경험이 많은 은퇴자들이나 현
  직에 있는 사람들이 지역사회 발전과 공동체 유지를 위하여 프
  로그램을 기획하거나 자문을 해주는 유형의 활동이다. 또 대학
  생이 자신의 전공을 살려 지역사회조사나 소규모 영세업체 등
  을 대상으로 자문을 해주는 활동도 증가하고 있다.

[사회적 차원]

- **문제 예방·치료자로서의 역할**: 전통적인 사후 접근방식의 자
  원봉사활동에서 사전 문제를 예방하려는 활동들이 자원봉사
  자들에 의해 확대되고 있다. 특히 자신들의 재능을 살려 문제
  를 재해석하여 전문적 서비스 프로그램을 개발하거나, 사회문
  제를 예방·통제·치료하는 휴먼서비스 조직에 참여하여 보완적
  역할을 담당하기도 한다.

- **대변자·매개자로서의 역할**: 사회적 약자를 대신하여 권익을
  옹호하고 대변하는 자원봉사도 중요한 유형의 활동이다. 도움
  을 필요로 하는 개인, 집단, 지역사회의 문제를 알리고 도움을

중재하는 대변자 및 매개자로서의 역할이다. 또한 문제해결에 지역사회의 지지를 촉진하는 협력자로서의 역할도 포함된다.

- 변화·개혁자로서의 역할: 최근 물질문명의 팽배로 인하여 인간관계의 훼손으로 범죄가 증가하고, 과소비문화가 자연환경을 더욱 파괴하고 이로 인한 재난재해가 크게 증가함으로써 위기감이 고조되고 있다. 이에 따라 자원봉사자들은 바람직한 사회변화와 적절한 사회적 서비스를 발전시키며 인간 존중의 정신을 실현하기 위하여 제도적·구조적 개혁을 주장하고 변화시키는 역할을 한다.

자원봉사 방법의 다섯 가지 원리

쌍방성의 원리

자원봉사는 선이지만, 그것을 수행하는 사람은 불완전하기 짝이 없는 사람이다. 따라서 선이 독선이 되기도 하고 위선이 되기도 한다. 독선은 "자원봉사는 선한 것이다. 따라서 내가 하는 일도 선이다"는 논리적 오류를 범하며 타자에게 깊은 상처를 남긴다. 위선은 다른 목적을 이루기 위해 자원봉사를 이용하는 것이다.

위선적 자원봉사는 정치인들에게서 흔히 볼 수 있다. 정치적 목적에 따라 이미지 정치의 수단으로 자원봉사를 이용한다. 대통령선거를 비롯하여 모든 선거철에는 느닷없는 자원봉사 조직들이 대거 등장한다. 그리고 후보들은 이미지 정치에 뛰어든다. 결국 정치인들의 기만적 자원봉사는 상처로 고통 받는 이웃들의 상처를 짓밟아 버리고 자원봉사 가치마저 훼손시켜 버린다.

그러나 위선보다 더 무서운 것이 바로 독선이다. 위선은 자기 목적만 달성하면 떠나 버린다. 그러나 독선은 달콤한 음성, 상냥한 모습으로 우리 곁에 다가와 제 욕심을 채워 버린다. 참으로 위험한 존재이다.

자원봉사 세계에서 독선의 모습은 종교인들에게서 가장 많이 볼 수 있다. 자신이 믿는 종교에 충실한 것은 문제될 것이 전혀 없다. 그러나 문제는 타자에게 강요하는 것이다. 자신에게 절대적인 선일지라도 타자에게 강요할 수 없는 것이다. 그러나 선교, 포교라는 이름으로 은근히 강요한다. 특히 양로원의 노인, 보육원의 아이들 같은 사회적 약자들에게는 선택의 여지가 없다. 그 강요에 노출되고 만다.

세상에 종교가 하나둘인가? 저마다 찾아와 하루 종일 원치 않는 종교 의식을 거행하면 이야말로 인권유린 아닌가? 입장 바꿔 놓고 생각해 보라. 양로원에 계시는 노인들이라 해서 종교적 자유를 침해당할 이유가 어디 있는가? 같은 종교 의식도 한 번으로 족한데 각기 다른 종교 의식을 번갈아가며 해대면 정신착란을 일으키지 않은 것이 신기할 정도다.

자원봉사는 상대방의 입장을 먼저 고려하는 것이 기본이다. 지금 있는 그대로의 모습을 존중해야 한다. 일방적 행동 역시 흔히 볼 수 있는 독선의 유형이다. 특히 자원봉사 경험 수준이 높은 사람들이 독선의 형태를 곧잘 드러낸다.

자원봉사는 일방적으로 누구를 위한 활동이 아니라 함께 배우고, 함께 자라며, 함께 즐기는 함께하는 활동이다. 자원봉사를 통하여 서로의 인생을 배우고 이를 통하여 정신적으로 영적으로 함께 성숙하며 나아가 함께 인생의 즐거움을 누리는 것이다.

즉, 자원봉사활동은 이웃의 문제, 지역사회의 문제를 자신의 문제로 파악하여 그 문제해결을 위하여 함께 작용하며, 문제해결 과정에서 함께 자기성장을 경험함으로써 삶의 즐거움을 얻는 활동이다. 다시 말해서 자원봉사활동은 자기중심의 일방적 시혜활동이 아니다. 상대에게 귀를 기울이고, 상대가 느끼는 문제의 실상이 무엇인가를 함께 규명하고, 스스로 문제에서 헤어날 수 있도록 도와주며, 그들도 다른 사람에게 기여할 수 있는 기회를 열어주고, 나아가 자기 자신의 힘으로 희망을 일구는 기쁨을 누리도록 용기를 북돋우어주는 활동이다.

눈높이의 원리

자원봉사자와 전문가, 예컨대 사회복지사의 역할과 어떤 차이가 있을까? 가장 큰 차이는 자원봉사자는 인문학적 접근을 하고 사회복지사는 사회과학적 접근을 한다는 점이다. 자원봉사는 존재능력에,

사회복지는 사회기능에 초점을 두고 있다.

즉, 자원봉사자의 역할은 눈높이를 맞추기 위해 상대를 목표한 위치로 끌어올리는 게 아니라, 상대의 눈높이로 스스로를 낮추는 것이다. 사회복지사의 역할은 클라이언트를 일정한 목표를 정하고 그 목표에 도달하도록 끌어올리는 소위 역량강화를 하는 것이다.

자원봉사자는 수요자를 존경받는 사람으로 만들고자 하는 것이 아니라 있는 모습을 존경하고 함께 더 나은 길로 나아가며, 그들도 다른 사람들에게 그러하도록 길을 안내하는 것이다.

미완성의 원리

요즘 엄마들은 연령과 상관없이 항상 보호하고 보살피려는 경향이 있다. 결국 지나친 엄마의 친절이 아이의 자립심을 해치고 있다. 서른이 넘어서도 부모로부터 독립 못하는 캥거루족들이 늘어나 사회적 문제가 될 지경이다. 인간관계에서도 지나친 친절은 무례만큼이나 해롭다. 친절이란 서로를 존중하면서 이루어지는 것이지 어느 한 쪽의 일방적으로 효과가 있는 것이 아니다. 타인에 대한 일방적 감정이입에 의한 열정적인 돌봄이나 이타심은 위험한 심리적 속박이 될 수도 있다.

자원봉사활동에서도 과도한 친절이 문제가 되는 경우가 나타난다. 처음 자원봉사를 하게 된 사람들 중에는 의욕이 넘쳐 지나친 열심을 보이는 경우가 있다. 뭔가를 해야 한다는 생각에 부담을 갖기 때문이다. 심한 경우 수요자가 요구하는 것은 모두 들어 주어야 한다고 생각하여, 과도한 요구에 대해서 거절하지 못하고 요구에 부응하지 못한 자신을 질책하는 소위 '불충성의 죄책감'에 빠지기도 한다.

동시에 과도한 친절은 자신에게도 해가 될 뿐 아니라, 상대에게는 거친 무례만큼 불쾌감과 거부감을 느끼게 한다. 자기 기준에서, 상대가 아무것도 할 수 없으며 내가 알아서 다 해준다는 생각은 편견이고 독선이다. 비록 선의였다고 해도 의존심을 조장하거나 자존심을 다치게 할 수 있으니 자연스런 절제가 필요하다. 또한 다른 자원봉사자들과 협력관계를 해치며 심한 경우 갈등의 원인이 되기도 한다는 점을 유의해야 한다.

자원봉사활동은 완성된 서비스가 아니라 수요자가 자기 나름의 역할을 하도록 배려하는 미완성의 작품이 되어야 한다. 어려움을 겪는 이웃은 일방적으로 도움을 받아야 하는 사람이라는 오랜 고정관념을 버려야 한다. 그들도 독립된 삶의 주체로서 자신들의 삶에 스스로 책임을 지고 다른 사람들에게 기여하며 살아갈 수 있어야 한다. 그들은 동정보다 정의를 원하고 있다. 과도한 친절로 의존심을 조장할 것이 아니라 독립된 삶의 주체로서 존경하고 함께 살아가는 방법을 배우는 자원봉사자가 되어야 한다.

체계성의 원리

자원봉사의 실행체계를 이야기하기 전에 그림 그리기부터 해보

자. 집을 그릴 때는 순서가 문제되지 않는다. 그러나 집을 지을 때는 순서가 대단히 중요하다. 무엇부터 해야 하는가? 당연히 기초부터 놓아야 한다. 집을 그릴 때와 정반대이다. 화가는 지붕부터 그리지만, 목수는 기초부터 놓는다. 실제로 집을 짓고자 한다면 화가의 방식이 아닌 목수의 방식을 따라야 한다. 기초를 놓고 기둥을 세우고 마지막으로 지붕을 올려야 한다.

자원봉사도 마찬가지다. 머리로 생각할 때는 순서가 문제되지 않겠지만 실행할 때는 순서가 결정적으로 중요하다. 목적을 먼저 세우고 수단을 고려해야 한다. 실행체계에서는 순서가 매우 중요하다. 먼저 '무엇이 문제인가? 무엇을 변화시켜야 하는가?'부터 생각하고 그 다음에 '얼마만큼 변화시킬 것인가?', '무엇을 수단으로 변화시킬 것인가?'를 생각해야 한다. 바로 그것이 자원봉사 실행체계이다. 자원봉사는 혼자만의 개인행위가 아니라 가치와 삶의 배경이 다른 상대가 있으므로 무작정 달려들 것이 아니라 사려 깊게, 단계적으로 접근해야 한다.

지속성의 원리

자원봉사활동의 심각한 문제 중 하나는 중도에 포기하는 것이다. 자원봉사자의 갑작스런 중단은 위험한 결과를 야기한다. 특히 사람을 돕는 자원봉사활동은 신중하게 시작하고, 지속적으로 활동을 유지해야 한다. 그러나 사람들은 쉽게 시작하고 쉽게 중단해 버린다.

자원봉사는 잠시 들렀다 떠나는 손님이 아니다. 자원봉사를 시작할 때 상대는 또 하나의 가족으로 생각한다.

그런데 자원봉사의 지속성을 강조할 때 반드시 전제해야 할 조건이 있다. 자원봉사를 할 때 지속적으로 해야 한다고 하는데 도대체 언제까지 하는 것이 지속적이냐고 할 수 있느냐의 문제이다.

자원봉사를 시작할 때는 시작과 종료 일자를 분명하게 설정해야 한다. 다시 말해서 시작할 때 언제 중단할 것인지를 정하도록 요청하는 것이다. 대체로 자원봉사활동은 단기프로그램일 수도 있고 장기프로그램일 수도 있다. 간혹 장기프로그램만 훌륭한 것으로 여기는 사람들도 있다. 물론 장기프로그램은 그만큼 많은 노력을 요구하므로 칭찬받을 만하다. 그러나 단기프로그램도 충분히 훌륭하다.

중요한 것은 단기이든 장기이든 계획된 시작과 실행 그리고 계획된 종료가 되어야 한다는 것이다. 만일 계획되지 않은 중단은 지속성의 원칙을 어긴 것이 되고 경우에 따라 서비스를 받던 사람에게 큰 상처를 남길 수 있다. 물론 종료시점이 되지 않았는데 부득이 하게 중단해야 할 경우도 일어난다. 이 경우, 동료들과 지원하는 관리자와 대안을 협의하고, 클라이언트에게 충분히 양해를 구하여 마무리하는 노력이 요구된다.

자원봉사자는 인간에 대한 모범답안을 제시하는 사람이 아니라 친구가 되어 함께 새로운 모범답안을 찾는 사람이다. 가장 좋은 방법은 사람마다 다르고 상황에 따라 다르다. 어떤 경우에는 냉철하게 야단치는 것이 좋은 방법일 수도 있고, 어떤 경우에는 함께 손잡고 우는 것이 좋은 방법일 수 있다.

LEADERSHIP

공덕 쌓기 | 소외된 이웃을 위한 전통적 자원봉사활동 | 전통적인 상생의 사상

전통적인
자원봉사

공덕 쌓기

우리 선조들의 대표적인 자원봉사활동은 '공덕 쌓기'였다. 즉, 우리 조상님들은 '너와 나는 우리'라는 다원적 일원론에 기초하여 개개인의 도리로서 공덕이 공동선으로서 공덕을 이룬다는 사상과 풍속을 발전시켰다. 공덕 쌓기 활동은 특별한 일이 아니라 사람이면 당연히 해야 하는 풍속으로서 오롯이 삶의 중요한 일부였다.

옛 풍속에는 '원턱달이'라는 풍속이 있었다. 한양 변두리에 홍제원, 이태원, 퇴계원 같은 원(院)이 있었는데 이는 바로 행려병자들을 수용하여 치료하는 구제수용소로서 요즘 말로 일종의 사회복지시설이었다. 이 원의 문턱을 닳게 한다 해서 '원턱달이'다. 즉, 문턱이 닳을 정도로 자주 드나들며 병든 이들을 돌보고 입을 것, 먹을 것, 약을 대주는 자원봉사로서 이를 활인(活人) 공덕이라 했다. 가난으로 떠도는 이들에게 양지 쪽을 골라 집을 지어 주는 행인(行人) 공덕은 오늘날 헤비타트의 원조라고 할 수 있다. 자신의 소유를 단지 자신만 누리는 것이 아니라 이웃들과 함께 나눌 때 더욱 풍요로워진다는 믿음에서 수많은 종류의 공덕을 풍속화하였다.

소외된 이웃을 위한 전통적 자원봉사활동

우리 조상님들은 가난한 이웃을 단순히 도와주는 것이 아니라, 공동체의 일원으로 기여할 기회를 만들어 줌으로써 부자이든 빈자이든 모두가 공동체의 일원이라는 것을 확인하고 있다. 다시 말해서 여유 있는 사람들이 가난한 이웃들을 일방적으로 도와주는 차원이 아니라, 가난한 사람도 공동체의 일원으로서 타자에게 기여하도록 기회를 제공함으로써 가슴 쭉 펴고 살도록 풍속으로 제도화한 것이다.

예를 들면, 한가위를 전후하여 마을마다 노인들을 청하여 '상치마당'이라는 경로잔치가 열린다. 놀랍게도 평소 다른 사람들에게 신세지고 살아야 했던 가난한 사람들이 상치마당을 주관한다.

가을이 되어 곡식이 무르익어 추수를 해야 한다. 벼를 베려면 논도랑을 치고 물을 빼야 한다. 이 논도랑 파고 물 빼는 일을 일러 도구 친다고 말한다. 그런데 도구를 치면 논바닥에 누렇게 기름이 오른 살찐 미꾸라지가 우글거리고 덕분에 많은 미꾸라지를 잡게 된다. 이 모든 과정을 일러 '도구치레'라고 하였다. 그런데 이 도구치레는 아무나 하는 것이 아니었다. 논 주인이라고 함부로 도구치레를 하면 손가

락질받았다. 도구치레의 권한은 한 마을에 살면서 논밭 한 뙈기 없이 품이나 팔고 보릿고개면 양식이 떨어져 동네 사람들에게 신세를 지고 살아야 했던 가난한 사람의 몫이기 때문이다.

미꾸라지를 잡아 탕을 끓이는데 이를 '도구탕'이라고 하였다. 도구탕은 동네 어르신들을 모셔다가 한 그릇씩 대접하기 위해서 끓였다. 가난한 사람들이 도구탕을 준비하기 시작하면 이때 동네 사람들도 거들고 나선다. 쌀과 술을 수렴하여 후원을 하고 함께 잔치를 준비한다. 따라서 '도구치레'는 자연스럽게 마을의 경로잔치가 되는데 노인을 숭상한다는 의미에서 '상치마당'이라고 하였다.

이와 같이 상치마당은 "주최: 가난한 이웃, 후원: 여유 있는 이웃"의 형태로 열린다. 그렇게 함으로써 가난하고 병들어 늘 신세만 지던 사람도 사람구실을 하고, 공동체의 중요한 일원으로서 통합되는 것이다.

전통적인 상생의 사상

우리 조상들에게 산림은 여민공지(與民共之)해야 한다는 관념, 곧 산은 모든 백성들이 공유할 수 있어야 한다는 인식이 일반화되어 있었다. 즉, 산은 뭇 생명들의 집이며, 산의 주인은 사람이 아니라, 그곳에 사는 야생동물들이다. 산은 지친 삶의 영원한 안식처요, 생명의 모태이다.

　그래서 우리 조상들은 산을 오른다고 하지 않고 '든다'고 표현하였다. 등산과 입산은 근본적 차이가 있다. 등산에는 정복이 있지만 입산에는 상생이 있다. 입산은 산과 내가 한 몸이 되는 것이다. 그래서 명산을 오를 때는 오염시킬 것을 조심하여 오줌통을 들고 다녔다. 또 옛 어른들은 특히 산길을 걸을 때 육환장이라는 고리가 여섯 개 달린 지팡이를 지니고 다녔다. 행여 주위에 있는 동물들이 놀랄까 봐 미리 짤그랑짤그랑 소리를 내어 주었던 것이다.

　우리 조상들은 조상을 섬기는 일과 산 돌보는 일을 하나로 생각하였다. 성묘는 단순한 제사가 아니었다. 성묘는 산 보기와 함께 이루어지는 의례였던 것이다. '산 보기'는 한식과 추석 또는 시사 때도 마찬가지였다. 자연을 돌보는 일은 우리 민족에게 있어서는 생활양식이며, 존재방식이었다. 또한 우리 조상들은 나무에게도 인격을 부여하고 사람 사랑하듯 하였다. 그래서 나무의 생일도 챙겨 주고 시집도 보낸다. 음력 5월 그믐날을 죽술일이라 하여 대나무를 많이 심었고 단오절에는 대추나무 시집보내기도 하였다. 이것은 자연생태계에 대한 따뜻한 감수성이 없이는 흉내 낼 수 없는 일이다.

14

정의 문화 | 전문가의 한계 | 감성의 기술

벽을 허물고
장을 넓히다

정의 문화

역사적 기록을 보면 우리나라 사람들은 공감능력이 뛰어난 민족이다. 그래서 정(情)과 관련된 용어들이 참으로 많다. 인정에서부터 모정, 부정, 우정과 같은 용어뿐만 아니라 정들다, 정 떨어지다, 정 많다, 정 없다 등과 같이 그 사용맥락도 다양하다. 심지어는 고운 정만이 아니라 미운 정도 있다. 그래서 우리의 문화를 흔히 '정의 문화'라고 말하기도 한다.

이러한 아름다운 풍속은 사람에 대한 정, 곧 인정을 최고의 가치관으로 삼았기 때문이다. 인정은 인지상정(人之常情)이라는 말에서 뜻하는 바와 같이, 남의 어려움이나 고통을 공감하고 공유하는 데서 출발된다. 그런데 안타깝게도 언제인가부터 인정머리 없는 세상이라는 탄식이 늘어가고 있다. 공감의 보물창고 인정머리가 보이지 않는다.

우리는 높은 장벽을 쌓아 놓고 장벽 저 너머의 사람들이 겪는 고통스런 처지는 애써 외면한다. 그러면서도 내 마음 알아주는 사람 없다고 고독을 탄식한다. 이제 우리 사회의 핵심 문제는 공감의 부재이다. 사람들이 공감 능력을 상실하고 있다. 공감의 부재는 오늘날 사회 전반에 걸쳐 심화되어 있기에 이 문제를 우선 해결하는 것이 우선 과제가 되고 있다. 그러면 공감이란 무엇인가?

동감은 못하지만 공감은 한다. 공감은 흔히 동감과 같은 의미를 가진 것으로 오해되기도 하는데, 공감은 동감을 포함하는 복합적 능력이다. 동감이 나와 상대방의 처지나 가치관이 일치할 때 일어나는 정신적 결합이라면 공감은 서로 처지나 가치관이 달라도 상대의 입장에서의 정신적 결합을 의미한다. 즉, 동감은 '같은 감정'을 의미한다면 공감은 타자의 정서와 일치하지 않지만 자신의 감정을 변경하여 타자의 기대에 부응하는 능력이다.

동변상련의 감정공유는 동감이라고 한다. 동감이 개인적 차원이라면 공감은 사회적 차원이다. 즉, 공감은 자신의 감정과 일치하지 않지만 자신의 감정을 통제하여 다른 사람의 감정을 수용하는 제2차 감정, 사회화된 감정이다. 사람들은 화가 날 때도 상대의 감정을 헤아려 화를 참는다. 로또에 당첨되어 하늘을 찌를 듯 기쁨이 넘치지만 상가에서는 어머니를 잃은 친구의 처지를 배려하여 기쁨을 통제하고 친구의 슬픔을 공유한다. 이렇듯 사회화된 감정을 '감정'과 구분하여 '감성'이라고 이른다.

서비스 업종에 종사하는 사람들뿐만 아니라 자원봉사자도 감정노동을 하고 있다고 볼 수 있다. 자원봉사자들이 수행하는 과업 역시 자신의 감정을 억제하고 상대의 감정을 수용해야 하는 경우가 많기 때문이다. 그러나 대체로 자원봉사자들의 공감은 진심의 공감이다. 즉, 타자에 대하여 나타내는 일련의 감정들을 진정으로 느끼거나 경험하려는 시도가 자유의지에 의해 자발적으로 이루어지기 때문이다.

그러나 우리는 불가피하게 모두 어느 정도 연기를 하면서 산다. 따라서 공감의 능력 곧 연기능력, 공감의 능력, 동기부여 능력 등이 중요한 관건이 된다. 즉, 연기 중의 자기와 연기 외의 진정한 자기와의 간극이 생겨도 감정관리 기술에 의해서 처리할 수 있으며, 특히 감성기술을 통하여 상대 감정과 자신의 감정이 일치되는 진심의 공감도 가능해진다. 관건은 진심의 공감을 가능하게 하는 감성기술로서 이는 자연적으로 습득하는 것이 아니라 훈련이 요구된다. 감성기술에는 자신의 참된 자아를 내면화하는 것과 감정상태를 관리할 수 있는 능력이 포함된다.

전문가의 한계

사람들은 가난과 장애, 질병, 그리고 실업 등으로 어려움에 처한 사람을 두려워한다. 자신의 행복에 대한 심각한 도전이라고 여기기 때문이다. 그래서 장벽 밖에 격리시키고 문을 굳게 잠근다. 다만 때때로 장벽 너머로 먹을 것과 입을 것을 던져 줄 뿐 인간적 관계는 갖지 않는다.

이러한 과정을 거치면서 사람들이 만든 편리한 장치가 전문가 제도이다. 고통의 문제, 궁핍의 문제가 본질적 과제로 등장하면 사람들은 언제나 전문가에게 미뤄 버린다. 그러나 전문가는 냉철한 이성으로 사람의 얼굴을 가리고 만다. 전문가들은 사람들을 베일로 가리고 세상을 디자인한다. 그렇지 않으면 불가지(不可知) 상태에 함몰되어 전문성은 발휘될 수 없다.

신영복 선생은 〈사람의 얼굴〉이라는 글에서 전문가의 메마름을 고백하고 있다.

"실업이라는 단어를 읽을 때 나의 머릿속을 지나가는 것은 경제학 교과서에서 읽은 이러저러한 개념이었다. 케인즈적 실업, 맬더스적 실업, 상대적 과잉인구, 실업률 등 메마른 경제학 개념과 이론들이 연상되는 것이었다."

실업이라는 단어에서 우리는 케인즈 이론보다 실직한 친구의 얼굴을 떠올릴 수 없을까? 전문가는 사람보다 이론을 중시한다. 전문가들에게 상처 입은 사람들은 특정 문제유형으로 분류되는 치료대상들이다. 사람마다 문제가 다르고 그 문제의 최고 전문가는 자기 자신이다. 전문가들은 마치 침대 크기에 맞춰 사람을 잘라내는 '프로크루스'처럼 자신의 이론에 맞춰 문제를 풀어갈 뿐이다.

자원봉사자들이 전문가들보다 더 좋은 결과를 맺는 이유는 무엇일까? 자원봉사자들은 이론보다 먼저 사람을 우선으로 생각하기 때문이다. 상처 입은 사람들은 무엇보다도 자신을 바라보고 자신의 말에 귀 기울여주는 사람을 필요로 한다. 사람은 누구나 자신이 고난에 처해 있을 때조차도 자신의 가치를 알아주는 친구, 자신의 말에 귀 기울여주는 친구를 통해 새로운 길을 찾기 때문이다.

감성의 기술

공감능력으로서 감성 기술의 수준은 감성지수로 나타낸다. 일반적으로 머리가 얼마나 영리한가를 표현하는 지능지수는 인생의 성공에 20% 정도 기여하며, 가슴이 얼마나 따뜻한가를 표현하는 감성지수는 인생의 성공에 80% 정도 기여하는 것으로 알려져 있다. 그런데 지능지수는 대체적으로 부모로부터 타고난 것으로 개선하기 어렵다. 그러나 다행한 것은 인간의 행복과 성공에 80%의 영향력이 있는 감성지수는 언제든지 개선할 수 있다는 점이다.

미국 보스톤 교육위원회는 청소년들을 대상으로 '감성지수 증진 프로젝트'를 실시한 결과, 감성지수를 높이는 몇 가지 방안을 발견하였고 특히 자원봉사활동을 통하여 감성지수가 증진된다는 사실을 확인하였다.

감정인식능력을 회복하자. 감정인식능력은 세 단계로 이루어진다. 먼저 자신의 감정을 발견하고, 그 다음 타자에게도 감정이 있음을 발견하고, 마지막으로 타자가 자신과 다르게 감정을 느낄 수 있다는 차이를 발견하는 것이다. 이러한 과정을 통해 사람은 자신의 감정을 타자와의 차이를 고려하여 조정한다. 따라서 공감능력을 높이려면 자기감정의 상태를 인식할 수 있어야 한다. 타자의 감정이 틀린 것이 아니라 나와 다르다는 것을 인식하고 감정을 조율할 수 있는 것이다.

감정공유능력을 회복하자. 즉, 다른 사람의 감정과 박자를 맞출 수 있는 능력을 갖는 것이다. 자비(慈悲)란 기뻐해야 할 때 기뻐할 줄 알고 슬퍼해야 할 때 슬퍼할 줄 아는 능력이다. 곧 다른 사람과 박자가 제대로 맞는 사람이다. 그러면 무자비(無慈悲)는 무엇인가? 남의 고통을 보고도 함께 고통을 느끼지 못하고 다른 사람이 기뻐할 때면 질시하는 무서운 병이다. 감정공유능력을 높이려면 순수해야 한다. 부정하고 불의한 것을 보면 천둥처럼 울부짖을 줄 알고 아름답고 정의로운 것을 보면 폭포수처럼 웃을 수 있는 순수함이 있어야 감정공유능력이 상승된다.

감정절제능력을 회복하자. 인간관계에 실패하고 불행에 빠진 사람들에게 나타나는 공통점은 절제능력이 부족하다는 사실이다. 필자도 이 브레이크가 약해 종종 문제를 경험하고 있기에 감정절제능력이 얼마나 중요한지 잘 알고 있다. 사람들은 흔히 나쁜 일이나 불필요한 일을 하지 않는 것을 절제라고 생각한다.

물론 그렇다. 그러나 보다 성공과 행복을 결정하는 높은 차원의 절제는 선하고 필요한 일이지만 때로는 하지 않는 것이다. 절제되지 않은 선은 오히려 악이 될 수도 있기 때문이다. 절제되지 않은 공감은 오히려 공해(公害)가 될 수 있다. 자원봉사가 절제되지 않는다면 오히려 인권침해, 환경파괴가 될 수 있다. 공감의 능력은 감정을 잘 통제할 때 빛을 발하게 된다.

자기 동기부여능력을 회복하자. 예컨대 마약중독이나 알코올중독 등은 참으로 고치기 어렵다. 가장 큰 이유는 자기 동기부여능력이 망가졌기 때문이다. 그러나 자기 동기부여 능력이 있으면 완치가 가능하다. 공감의 능력은 스스로 동기부여능력을 잃어버린 사람에게 자기 동기부여능력이 가능하도록 촉매제가 된다. 단 1%의 가능성에도 박수를 보내고 스스로 동기부여 하도록 칭찬하고 인정해 주는 것, 곧 공감의 능력은 기를 살려주는 것이다.

인간관계 능력을 회복하자. 인간관계에 대한 여러 가지 학문적 설명을 종합해 보면 '님'으로서의 인간관계와 '놈'으로서의 인간관계로 정리된다. '님'과 '놈'은 국어사전적 설명 이상의 깊은 의미를 지닌 말이다. '님'은 타자를 나처럼 여기는, 서로에게 꽃이 되는 올바른 인간관계 즉, '나와 너'의 인격적 관계를 나타내고 '놈'은 타자를 이용대상으로 보는 '나와 그것'이라는 비인격적 관계를 나타내는 말이다. '놈'은 언제 나를 해칠지 모르는 두려움의 존재 '낯선 자'이고 '님'은 보고 또 보아도 보고 싶은 그리움의 존재 '소외자'이다.

많은 사람들이 나에게 유익하면 '님'이고 그렇지 않으면 '놈'이라고 생각한다. 사람들은 흔히들 자기중심적으로 타자를 평가한다. 바로 이것을 고쳐야 한다. 타자를 중심에 놓고 자신을 평가하여 내가 타자에게 님인지 놈인지를 판단해야 한다는 것이다. 공감의 능력은 판단의 중심위치를 나 중심에서 너 중심으로 바꿀 때 비로소 발휘되고 결국 자신의 삶을 행복으로 인도한다. 타자는 나의 거울이다. 깨진 거울로는 진정한 내 자신의 모습을 볼 수 없다.

15

동조하기 | 탐색하기 | 의심 풀기 | 직면하기 | 종결하기

사람을 돕는
기술

동조하기

공감능력은 상처 입은 사람을 돕는 가장 중요한 기술로 감정이입을 통한 능력이다. 감정이입은 마치 악기를 연주하기 전에 조율하는 것이나 라디오를 듣기 전에 주파수를 맞추는 것과 같은 과정으로 '동조하기'라고도 말한다. 즉, 도움수요자가 다른 사람으로부터 도움 받는 데에 대하여 가질 수 있는 잠재적 감정과 기분을 이해하려고 노력하는 것이다. 이러한 동조하기를 통하여 '암시적 의사소통' 또는 '간접적 의사소통'을 이해할 수 있다.

대부분의 도움수요자는 자원봉사자에 대한 우려와 불신을 노골적으로 나타내지는 못한다. 대신에 간접적 질문을 통하여 자신의 마음을 암시적으로 나타낸다. 새로운 자원봉사자를 만난 도움수요자의 이러한 자기 방어적 반응은 당연한 것이다. 예컨대 "걱정되시죠? 나는 장애인이 아니어서 당신을 충분히 이해하지 못해요. 그러나 당신이 도와준다면 잘 할 수 있을 거예요."라는 말로 도움수요자의 감정을 이해하고 암시적 의사소통에 동조할 수 있을 것이다.

탐색하기

자원봉사활동 초기단계에 흔히 일어나는 일은, 자원봉사자의 손에 들린 도움은 좋지만 자신의 삶에 개입하여 일어날 변화는 두렵다는 모순적 태도이다. 도움을 받는 수요자는 자원봉사자를 처음 만날 때 어떤 고정관념이나 과거경험을 가지고 있다.

따라서 처음 만남에서 도움수요자는 자신을 드러내기보다는 신중을 기해서 새로운 상황을 탐색하려고 한다. 양가감정은 바로 이러한 새로운 상황에서 나타나는 것이다. 도움수요자는 자원봉사자의 능력과 적합성을 의심하는 동시에 도움을 받고자 하는 희망을 갖고 있다.

- 양가감정: 대개의 경우 도움수요자는 자원봉사활동 초기단계에서 자신의 사고와 감정의 표현을 간접적으로 한다. 그것의 원인은 첫째, 도움 받는다는 것에 대한 양가감정 때문이다. 하나의 대상자에게 상반되는 두 개의 감정과 태도를 나타내는 현상을 양면가치라고 표현한다. 즉, 도움이 필요하긴 하지만 싫다는 거부감이다. 예컨대 도움수요자는 부정적 반응으로 자원봉사

자의 노력을 팔짱을 낀 채 바라보며 "어디 한번 나를 변화시켜 봐라"는 식으로 반응하거나 고의적으로 약속이나 시간을 지키지 않을 수도 있다. 이러한 양가감정은 진정한 대화를 방해하는 장애요인이 된다.

- 사회적 금기사항: 자원봉사자와 직접적인 의사소통을 방해하는 또 하나의 장애물은 사회적 금기이다. 우리 사회는 성이나 돈, 의존상태 등에 대하여 솔직히 말하는 것을 금기시한다. 자원봉사자는 이들 금기를 의식적 또는 무의식적으로 터치하면서 활동을 시작한다. 따라서 도움수요자는 이와 관련된 문제와 느낌에 대하여 자신의 불쾌했던 경험 때문에 암시적으로 거부의사를 표현하게 된다.

- 방해자로서 우려감: 진정한 대화를 방해하는 또 다른 장애물은 우려감이다. 예컨대 소년소녀가장의 경우 자원봉사자를 자신을 돕는 자가 아니라 자신의 생활을 구속하는 방해자로서 인식하여 직접적 의사소통을 기피할 수 있다. 경우에 따라 자원봉사자의 개입은 도움수요자에게 고통스럽고 당황스러운 것이 될수도 있다. 이러한 경우 솔직한 자기 방어적 감정을 나타내게 함으로써 우려감이 더 이상 증가되지 않을 수 있도록 막을 수 있다. 따라서 자원봉사자는 도움수요자로 하여금 자신의 감정을 솔직히 이야기하도록 유도한다.

- 힘의 불균형: 자원봉사자의 권위가 진정한 대화를 방해하는 요소가 될 수도 있다. 예컨대 보호관찰 청소년의 경우, 보호 위원에게 거짓말을 하거나 정확한 정보를 제공하지 않을 수 있는 것이다. 그것은 보호 위원에게 자신의 보호관찰 처분을 경감할 수 있는 권한이 있음을 알기 때문이다.

또한 도움이 필요한 노인의 경우에는 가족관계를 숨길 수 있다. 자신의 가족관계가 도움을 얻는 데 방해가 될 수 있다고 생각하기 때문이다. 특히 우리나라 사람들은 소년소녀가장을 위한 자원봉사활동을 하더라도 부모가 교도소에 갔다거나 이혼을 했다거나 하면 대개 기피하기 때문에, '부모가 교통사고로 죽었다'는 식으로 거짓말을 할 수도 있다. 이와 같은 현상은 자원봉사자와 도움수요자 간의 힘의 불균형 때문에 발생된다고 말할 수 있다.

의심 풀기

도움수요자는 만남의 초기단계에서 자원봉사자가 어떤 사람인지 알아내려고 한다. 그러나 도움에 대한 자신의 희망이 거절될까 두려워 직접적 반응은 하지 않는다. 간접적으로 방어적 저항감을 나타낸다. 도움수요자의 방어적 저항은 자원봉사자가 자신을 어떤 식으로든 바꾸어 놓을 것이라는 변화에 대한 두려움 때문이다. 이러한 반응은 자원봉사자가 자신을 도와줄 사람으로 수용될 때까지 지속된다.

도움수요자는 자원봉사자의 목적과 역할이 무엇인지 이해하지 못하는 한 자원봉사자의 도움 제공을 효율적으로 활용하지 못한다. 사생활 침해에 대한 두려움이 증가되거나 때로는 의존심이 높아지기도 한다.

그러나 직접 반응하지는 않는다. 무례한 일이라고 생각하기 때문이다. 그래서 "예" 또는 "아니오"라는 단편적 대답이나 어색한 표정 등을 통하여 간접적으로 반응한다. 따라서 자원봉사자는 상대에게 자신의 역할을 알리기 위해서 직접적 반응을 할 필요가 있다.

- 도움수요자에 대한 동조: 도움수요자의 감정과 유사했던 감정을 회상해 보거나 역할게임 등을 통하여 도움수요자의 감정을 실제로 경험해 볼 필요가 있다. 동조훈련에 있어서 전제조건은 도움수요자에 대한 고정관념을 깨트려야 한다는 것이다. 동조가 되지 않으면 도움수요자 및 자원봉사자의 두 고정관념의 충돌이 일어나게 된다. 동조는 자원봉사자가 도움수요자의 잠재적 근심과 방어적 저항을 감지할 수 있도록 노력하는 과정이며 동조를 잘못하면 도움수요자에 대한 새로운 고정관념을 낳는다.

- **자원봉사자 자신에 대한 감정적 동조**: 도움수요자의 감정에 동
  조하고 개입에 앞서 그 감정을 경험함으로써 도움수요자의 방
  어적 저항에 직면하게 된다. 따라서 자원봉사자는 자신이 부적
  합하다는 느낌, 또는 무능력하다는 느낌 등과 같은 무력감, 좌
  절감을 맛보게 된다. 이러한 과정을 통하여 자신의 감정과 자
  신을 방해하는 힘을 발견하고 완화시킬 수 있으며, 자원봉사활
  동에 참여하는 동안 자기 능력을 성장시키는 데 도움이 된다.

직면하기

자원봉사자들은 상대의 처지에 동조해야 한다는 압박감으로 인
하여 흔히 '무조건적 수용'이라는 함정에 빠지고 만다. 결국 자원봉
사자들은 자신의 감정은 억제하고 상대의 고통스런 감정에 끌려 다
니면서 잘못된 행동을 보고서도 제어할 용기를 갖지 못한다. 그러나
무조건적 수용은 오히려 클라이언트를 사실상 방치하는 결과를 야
기한다. 그리고 자원봉사자는 클라이언트에 끌려 다니는 자신에게
서 회의를 느끼게 되고, 결국 갈등을 빚다가 활동을 중단하는 경우
도 흔히 발생한다.

여기서 중요한 것은 자원봉사자에게는 경우에 따라 자신의 감정
을 솔직히 표현할 수 있는 용기도 필요하다는 점이다. 즉, 자원봉사

자는 클라이언트에게 분노, 슬픔, 주장 등을 표현하도록 도와주어야 하지만, 경우에 따라 클라이언트의 감정에 직접적으로 대응할 수도 있어야 한다는 것이다.

유념할 것은 어려움에 처한 사람들이 바라는 자원봉사자는 자신의 문제를 처리해 줄 수 있는 완벽한 사람이 아니라, 진실한 인간으로서 가슴 깊이 자신을 이해하고 감정을 표현해 주며 감정을 받아들일 수 있는 사람이다. 자원봉사자의 적절한 감정 표현은 도움수요자와의 친밀한 인간적 관계를 강화하여 도움의 효과를 높이는 기술이 될 수 있다.

자원봉사자는 감정을 자제할 수 있는 능력도 필요하지만 한편으로는 솔직한 감정을 표현할 수 있는 인간적인 면모도 필요하다. 서로 솔직한 감정표현을 할 수 있을 때 자원봉사활동은 더욱 효과적이기 때문이다. 따라서 자원봉사자는 상대에게 분노, 슬픔, 주장 등을 잘 표현하도록 도와주고 경우에 따라 도움수요자의 감정에 솔직하게 대응할 수 있어야 한다. 가식적인 미소보다 진실한 분노가 더 효과적이다.

종결하기

자원봉사활동은 지속적이어야 한다. 그러나 그것이 끝없이 영원히 계속되어야 함을 의미하는 것은 아니다. 자원봉사활동은 이제 더 이상 비공식적이고 개인적인 활동이 아니다. 자원봉사활동은 대부분 공식적이고 조직적인 활동으로 진행된다. 따라서 자원봉사활동은 시작과 종결단계가 계획되어 있는 체계적인 활동이다.

대개 자원봉사자로 입문하게 되어 소정의 훈련과정을 거쳐 배치됨으로서 활동은 시작된다. 그 기간은 자원봉사자의 직무와 도움수요자의 욕구에 따라 시작과 종결이라는 활동기간이 결정된다. 일반적으로 사람을 돕는 활동의 경우 대개 1년 단위로 활동하게 된다. 그리고 이러한 기간은 상황에 따라 단축 또는 연장될 수 있다. 중요한 것은 종결단계를 명확히 하여야 한다는 것이다.

그런데 종결단계는 자원봉사자뿐만이 아니라 도움수요자에게도 매우 어려운 단계이다. 종결단계에서 도움수요자 태도는 보통 3단계로 나타난다. 먼저, 도움수요자는 종결상황을 인정하지 않는다. 자원봉사자는 어느 정도 친밀한 관계가 형성되면 자신의 활동에는 종결단계가 있음을 상기해 둘 필요가 있다. 그렇다고 하더라도 대개의 경우 도움수요자의 감정은 이를 수용하기 어려운 것이다.

그 다음에는 분노를 표현한다. 결국 종결하는 것은 정말 잘된 일이라는 결론에 도달하게 된다.

도움수요자의 분노의 감정 밑바탕에는 슬픔의 감정이 있다. 이것이 드러날 때 슬픔의 감정이 시작된다. 이때 도움수요자는 참아야 한다고 생각하고 대부분의 경우 자신의 감정을 간접적으로 표현한다. 예컨대 갑자기 냉담해지거나 무기력해지는 등의 태도를 통하여 자신의 감정을 표현한다.

　자원봉사자는 충분한 시간을 가지고 종결단계를 미리 준비하여야 한다. 종결단계가 보다 새로운 시작임을 이해하도록 해야 한다. 그리고 종결단계에서 발생할 수 있는 도움수요자의 분노를 피하려 해서는 안 된다. 오히려 섭섭함의 감정을 직접 표현할 수 있도록 도와주어야 한다. 본능적으로 그러한 감정을 수용하기가 힘들더라도 상대방의 감정을 수용하고 인정하는 태도가 필요하다.

자원봉사자는 인간에 대한 모범답안을 제시하는 사람이 아니라 친구가 되어 함께 새로운 모범답안을 찾는 사람이다. 가장 좋은 방법은 사람마다 다르고 상황에 따라 다르다. 어떤 경우에는 냉철하게 야단치는 것이 좋은 방법일 수도 있고, 어떤 경우에는 함께 손잡고 우는 것이 좋은 방법일 수 있다.

LEADERSHIP

16

유급직원과의 갈등 | 동료들과의 갈등 | 도움수요자와의 갈등

갈등상황
관리하기

자원봉사활동은 상이한 배경을 가진 다양한 사람들이 상호작용하는 과정에서 이루어진다. 가치관이 다르고 자원봉사 환경에 대한 인식이나 방법에 대한 선호가 다르기 때문에 의견 차이와 갈등이 일어날 수 있다. 의견 차이와 갈등은 열심히 하는 경우에 일어나기 쉽다. 서로에 대한 관심이 없고 자원봉사에 대한 열정이 없으면 의견 차이나 갈등은 일어나지 않을 것이다. 따라서 갈등 없는 경우보다 갈등 있는 경우가 더 바람직하다고 볼 수 있다. 즉, 갈등에 순기능이 있다는 것이다. 그러나 과도하거나 파괴적인 갈등은 예방되고 해소해야 한다.

유급직원과의 갈등

성공적인 자원봉사활동을 위해서 자원봉사자와 유급직원 간의 관계는 매우 중요하다. 자원봉사자는 관리자 또는 유급직원의 전문성과 경험을 존중하고 그들의 감독과 도움을 받아야 한다. 물론 관리자 또는 유급직원들 역시 자원봉사자의 의견을 존중하고 지원하기 위하여 노력한다. 그러나 활동과정에서 자원봉사자와 유급직원 간의 갈등은 일어나게 마련이다. 이러한 갈등을 최소화하기 위하여 유급직원들도 노력하겠지만 자원봉사자들도 스스로 불필요한 갈등을 최소화하고 이미 발생된 갈등요인을 해소할 수 있는 능력을 갖추어야 한다.

유급직원과의 갈등을 예방하기 위하여 자원봉사자들은 무엇보다도 유급직원의 입장을 충분히 이해하고 긍정적인 태도를 가져야 한다. 갈등을 최소화하고 유급직원과 좋은 관계를 유지하기 위해서, 먼저 유급직원들이 자원봉사자에 대한 거부감의 원인을 미리 알아 두어야 한다.

- **위치에 대한 불안감**: 자원봉사자들은 유급직원보다 변화에 보다 유연하며 창조적이고 지역사회에 관한 많은 정보를 가지고 있다. 어떤 경우에는 유급직원보다 자원봉사자가 더 많은 지식과 기술을 갖고 있어 과업수행 능력이 비교되기도 한다. 따라서 우수한 자원봉사자의 활동에서 유급직원들은 자신의 지위에 불안감을 느낄 수 있으며, 마치 자원봉사자에게서 도전 받는 것 같은 피해의식을 느낄 수 있다.

  자원봉사자는 유급직원의 고충을 잘 알고 있어야 한다. 유급직원은 경쟁자가 아니라 자원봉사자 자신의 활동을 도와주는 협력자인 것이다. 그러므로 유급직원을 신뢰하고 활동에 대하여 상의하며 활동결과를 알려야 한다. 도움수요자에게도 인기에 영합하지 말고 유급직원의 중요성을 바르게 인식시켜야 할 것이다.

- **서비스의 질에 대한 우려**: 유급직원은 자원봉사자가 수행하는 서비스의 질에 대하여 우려하고 있다. 즉, 대부분의 자원봉사자들은 직무와 관련된 충분한 훈련과 교육을 받지 못하여 전문성을 가진 유급직원에 비하여 질 높은 전문서비스를 제공할 수 없는 형편이기 때문이다. 따라서 유급직원들은 자원봉사자의 직무수행에 불만족을 느끼고 필요한 권한의 위임을 기피하게 된다. 이것은 결과적으로 업무에 대한 자원봉사자의 불만족으로 이어져 갈등의 소지가 발생하게 된다.

이럴 경우에 먼저 자원봉사자는 서비스의 질에 대한 유급직원의 우려를 수긍해야 한다. 그리고 활동의 지속성 및 활동의 질을 높이기 위해 계속적인 활동 평가, 보수교육을 받고 자원봉사자로서 나름대로 전문성을 갖추어 나가야 한다. 실제 활동현장에서 문제를 일으키는 자원봉사자는 대개 교육훈련을 제대로 받지 않은 경우가 많다.

- **역할에 대한 인식 부족**: 유급직원의 거부감은 자원봉사자의 역

할에 대한 이해 부족에서도 기인하고 있다. 즉, 아직 많은 유급 직원들은 자원봉사자 활용을 일시적 편의와 단순 노동력의 지원책 또는 예산절감 차원에서 접근하고 있다. 심지어는 자원봉사자 활용이 매우 번거로운 일이지만 상사의 지시나 사업계획 때문에 마지못해 한다는 태도마저 나타나고 있다.

어떤 유급직원들은 자원봉사자로부터 도움을 받기보다 지도감독으로 시간을 빼앗긴다고 불평하기도 한다. 당연히 자원봉사자에게 성실하게 대하지 않게 되고 자원봉사자는 유급직원의 불친절에 대해 당황하게 된다. 필자는 자원봉사자와의 상담에서 유급직원의 불친절에 대한 불평을 많이 듣는다. 어떤 자원봉사자는 자원봉사활동을 하면서 특히 직원들이 고맙다는 성의 있는 인사가 없어 자존심이 상하고 '내가 뭐 하러 여기에 오나' 하는 생각이 든다고 말한다. 심지어는 자기들 필요할 때는 알랑거리다가 일이 끝나면 아는 척도 안 한다고 분통을 터뜨리기도 한다. 스스로 비 개인 날 우산 신세라고 말하기도 한다.

이러한 직원들의 태도는 잘못된 것이다. 그러나 직원에게 인사받으려고 자원봉사를 하는 것이 아니므로 '자기 자신의 일은 스스로 할 뿐' 개의치 않고 자신의 자유의지에 따라 소신껏 활동하려는 자세가 필요하다. 자원봉사자의 역할에 대해서는 인식이 부족하더라도 기본적으로는 유급직원도 자원봉사자가 매우 중요한 존재임을 알고 있기 때문이다.

그렇다고 무조건 참고 순응해야 한다는 의미는 아니다. 만일 유급직원이 노골적으로 거부하거나 특히 인격적으로 무시를 한다면 관리자와 상담을 하고 조정을 요구할 수 있다. 유급직원이 시키는 일이라고 무작정 받아들일 의무는 없다. 자원봉사자는 자원봉사자로서의 일을 한다. 자원봉사자는 결코 유급직원의 보조자가 아니라 동역자로서 수평적 관계이기 때문이다.

다만 중요한 것은, 자원봉사자와 직원 사이에는 경쟁이 아니라 협동이 요구된다. 각자의 입장을 이해하고 인간 서비스의 전달에 대한 중요성을 함께 이해하며 동역자로서 서로를 존중해야 한다. 만일 서로가 진실로 이해하고 수용한다면 그때 자원봉사자와 유급직원은 지역사회의 개선과 발전을 도모해 나가는 바람직한 팀을 이룰 수 있다.

- 이전의 나쁜 경험: 이전의 나쁜 경험으로 인하여 자원봉사자에 대한 유급직원의 불신감이 있을 수 있다. 즉, 과거 자원봉사자와 함께 일하면서 얻은 나쁜 경험으로 인해 현재의 자원봉사자에 대하여 불친절하거나 거부감을 나타낼 수도 있다. 실제 자원봉사자 중에는 인격적으로 문제를 가진 사람들을 종종 발견할 수 있으며 이로 인하여 조직과 유급직원이 심각한 곤경에 처

하게 되는 경우도 종종 발견된다. 특히 과도한 열성으로 전체의 팀워크를 해치는 경우가 많다.

- **성취감의 상실:** 자원봉사자에 대한 유급직원의 거부감은 정서적 성취감의 상실을 야기할 수 있다. 자원봉사자 활용이 확대되면서 유급직원들은 도움수요자에게 직접적 서비스를 제공하던 역할을 점차 자원봉사자들에게 위임하게 된다. 그리고 관리와 행정적 역할에 더 많은 시간을 할애하게 된다. 따라서 도움수요자에게 직접적 서비스를 함으로써 누리던 정서적 피드백, 곧 보람과 성취감 등과 같은 심리적 보상을 상실하게 된다. 이러한 상실감이 자원봉사자에 대한 거부감으로 무의식적으로 발생할 수도 있다.

직접적 만남으로 얻게 되는 정서적 성취감의 상실을 경험하면서, 필자는 한동안 '과연 지금 내가 하고 있는 일이 무엇인가'라는 회의에 빠지기도 하였다. 이러한 상실감은 소진현상의 원인이 되기도 하는 민감한 문제이다. 특히 열악한 근무여건에도 불구하고 사명감에 의존하여 일하는 유급직원의 경우 자원봉사로 인하여 정서적 성취감을 상실하게 되면 자원봉사에 대해 거부감을 갖게 된다.

예컨대 아동시설에서 자원봉사자가 보육사보다 아이와 더 밀접한 관계를 가질 때 정서적 성취감을 상실하고 내적 갈등을 느끼고 자원봉사자에 대해서 비협조적이거나 소극적 태도를 취함으로써 갈등이 유발될 수 있다. 따라서 자원봉사자들은 이러한 상황을 충분히 인지하고 보육사가 아이들로부터 정서적 피드백을 받을 수 있도록 사려 깊은 배려를 해야 한다.

동료들과의 갈등

자원봉사자의 갈등은 종종 동료 자원봉사자와의 사이에서 발생된다. 대체로 자원봉사자들은 동료관계를 매우 소중히 여기며 좋은 동료관계를 자원봉사활동에서 얻게 되는 기쁨과 보상으로서 받아들이기도 한다. 좋은 동료관계는 자원봉사자의 헌신과 기여를 고취시키는 요인이 되기도 하지만 반대로 동료와 갈등을 일으키거나 관계가 어긋나게 되면 활동을 중단하는 경우가 많다.

직무의 상호의존성, 목표와 역할의 기대 차이 등의 요인과 함께 동료 간에 자주 발생할 수 있는 갈등요인 중 하나는 보상 및 인정과 관련된 경쟁심이다. 자원봉사자는 관리조정자나 동료, 그리고 도움수요자로부터 자신이 보통 이상의 존재로서 인정되기를 원한다. 예컨대 더 많은 관심과 인정을 받기 위해 동료 간에 서비스 경쟁을 하는 경우이다. 이러한 경쟁은 긍정적 측면도 있으나 대개의 경우 서비스의 에스컬레이터 현상으로 발전하다가 결국 오래 지속되지 못하고 스스로 소진되거나 동료 간의 갈등으로 팀이 깨어지게 하는 결과를 초래하는 것이다.

도움수요자와의 갈등

　자원봉사자와 도움수요자와의 갈등은 표면적으로 잘 드러나지 않을 뿐 상당히 많이 일어난다. 자원봉사활동에 대한 저항 세력의 하나가 도움수요자라는 사실은 이미 새삼스러운 것이 아니다. 어떤 도움수요자는 자원봉사자의 서비스를 불신하고 있으며 때로는 갈등이 매우 심각한 경우도 있다.

　한편 장애인과 만나는 자원봉사자는 자신이 장애인을 차별하려거나 특별한 의도 없이 사용한 언어나 표현에 대하여 장애인의 항의를 받을 수 있다. 결과적으로 자원봉사자는 장애인의 마음을 아프게 만든 가해자가 된 것이다. 그렇게 되면 자원봉사자는 가해자로서 자책하거나, 자신의 마음을 이해하지 못한 도움수요자에 대하여 서운함이 생겨 스트레스를 받게 되고 갈등을 일으키게 된다.

　도움수요자 역시 마음이 상하여 자원봉사자를 불신하고 거부하게 된다. 도움수요자는 동정심에 의한 자원봉사활동의 대상이기를 거부하고 있다. 이제 더 이상 일방적인 서비스를 거부하고 스스로 서비스를 선택하려고 한다. 심지어는 자원봉사자를 방해자로 생각하고 거부하는 경우도 있다.

한편, 도움수요자의 편견과 무리한 요구로 인하여 갈등이 발생하기도 한다. 자원봉사자가 수용할 수 없는 욕구와 기대를 강요할 때 자원봉사자와 도움수요자 사이에는 갈등이 야기되고 거부감과 대립양상을 발생시킨다. 자원봉사자의 친절을 개인적 호감으로 착각하여 이성의 자원봉사자에게 연인으로서의 역할을 기대하고, 받아들여지지 않았을 때 자학하거나 갈등을 촉발시키는 경우도 있다.

이러한 갈등을 최소화하기 위하여 자원봉사자는 자원봉사자로서의 기본적 철학과 원칙을 가지고 있어야 한다. 여러 차례 지적되었지만 나는 도움수요자에게 도움을 주러 왔으니 도움수요자는 내가 도와주는 대로 가만히 있어야 된다는 생각은 문제가 된다. 반대로 나는 자원봉사자로서 도움을 주러 왔으니 무엇이든 원하는 대로 해주어야 한다는 무조건적 수용의 자세도 위험하다. 자원봉사활동의 역동성을 항상 명심해야 한다. 너무 자기 입장에서 이끌어도 문제지만 일방적으로 도움수요자에게 끌려가는 것도 문제다. 무리한 요구에 대해서는 분명하게 '아니오'라고 할 수 있어야 한다. 바람직한 자원봉사활동을 위해 때로는 분명하게 거절할 수 있는 능력도 필요하다.

서로에 대한 관심이 없고 자원봉사에 대한 열정이 없으면 의견 차이나 갈등은 일어나지 않을 것이다. 따라서 갈등 없는 경우보다 갈등 있는 경우가 더 바람직하다고 볼 수 있다. 즉, 갈등에 순기능이 있다는 것이다. 그러나 과도하거나 파괴적인 갈등은 예방되고 해소해야 한다.

LEADERSHIP

17

자원봉사의
의미

자원봉사의 함정

자원봉사는 원래 '자발적으로 돕는 것'이라는 의미다. 하지만 실생활에서 "이거, 자원봉사로 해 줘"라고 하면 "무보수로 부탁해"라는 뜻이다. 자신이 자발적으로 돕는 행동을 가리키는 '자원봉사'라는 말과 반대라는 생각이 든다. "상대방 기분에 맞춰 하고 있는데 그게 자발적이야?"라는 의문도 든다. 게다가 스스로 좋아서 기꺼워하는 일을 '자원봉사'라고 하면 무엇이든 자원봉사가 되어 버리므로 그렇게 말하기는 어렵다. "네가 하고 싶어서 하고 있는 것일 뿐이잖아. 이를테면 놀이 같은 거라는 말이지"라고 하면 끽소리도 못 한다.

하지만 확실히 스스로 좋아서 하고 있는 일에 돈을 내놔야 한다고는 생각하지 않는다. 물론 준다는 것을 일부러 거절할 필요도 없지만, 적어도 돈 문제는 아니다. 그래서 '좋아한다'는 것과 '무보수로 한다'는 것은 그렇게 동떨어지지 않은 의미일지 모른다. '놀이처럼 자신이 좋아서 한다'는 것도 잘 생각해 보면 나쁜 이야기가 아니다. 놀이처럼 무엇이든 할 수 있으면 자원봉사도 특별한 일이 아니다. 놀이라면 괴로운 얼굴을 하지 않고서도 할 수 있다. 혹시 마지못해 한다는 표정으로 복지 자원봉사를 했다면 상대방에게 실례다.

자원봉사는 즐겁다

자원봉사라고 하면 "사람들이 싫어해서 하지 않으려는 일을 하는 거야"라는 오해가 있다. 그런 일은 없다. 즐거우니까 하는 것이다. 즐겁지 않은 자원봉사는 해서는 안 된다. 그렇다고 걱정할 필요는 없다. 자원봉사라는 분야는 폭이 넓다. 산다는 일 자체에 선택지가 많은 것처럼 자신에게 맞지 않는 자원봉사는 선택하지 않으면 될 뿐이다. 예를 들어, 못 견디게 고통스러운 일을 하고 있다고 하면 틀림없이 자원봉사를 받는 상대방에게도 그 기분을 들켜 버릴 것이다. 그러면 상대방에게도 상처를 준다.

그리고 또 하나. "사람들이 싫어해서 하지 않으려는 일을 하는 거야"라고 하면 매우 곤혹스러워진다. 스스로 너무 지쳐 버리는 것이다. 사실 사람이 지칠 때는 정해져 있다. '시켜서 일할 때'다. 지치지 않을 때도 정해져 있다. '자신이 좋아서 하고 있을 때'다. 아이가 피로를 모르는 것은 자기가 좋아하는 일에 빠져서 놀기 때문이다. 내 지인은 지적 장애아를 지원하는 자원봉사를 꾸준히 하고 있다. 친구는 "아이들과 함께 있으면 즐거워. 상대가 장애인이라고 어렵게 생각하는 사람도 있을지 모르지만, 단순히 같이 있어서 즐거우니까 계속하는 거야"라고 말한다.

그러면 어떻게 하면 자원봉사를 즐길 수 있을까? 사람과 관계를 맺고 무언가를 하는 것이 즐거운 사람은 즐기는 것이 어렵지 않을지 모른다. 하지만 그렇지 않은 사람은? 내 경우엔 어쨌든 스스로 하고 싶어질 것 같은 거리를 찾는다. '저거라면 즐거워' '이거라면 할 수 있어'라는 생각이 드는 것을 고른다. 어떻게도 안 될 때는 게임 감각으로 즐긴다. "지난번에는 한 시간이 걸렸으니 이번에는 50분에 끝마쳐 보자." 같은 느낌으로 일한다.

도저히 지쳐서 마음이 내키지 않을 때는 애초에 가지 않는 편이 낫다. 자신이 봉사 활동을 고통으로 느끼지 않는 것이 중요하기 때문이다. 게다가 맞는 분야, 안 맞는 분야가 있다. 학교에서는 과목을 선택할 수 없고 100명이 있으면 그중에서 1등을 정하려고 할 것이다. 하지만 자원봉사의 세계는 다르다. 타인과 똑같지 않아도 된다. 100명이 있으면 100가지 목표를 찾을 수 있다. 자신이 좋아하게 될 분야가 반드시 있으므로 스스로 무리하게 강요하지 않는 편이 낫다. 그러다 보면 나만의 분야를 발견해서 다른 사람들에게 그 재미를 전하는 것이 즐거워진다. 취미는 남들에게 열정적으로 말할 수 있다. 이와 똑같이 되는 것이다.

나도 깨닫지 못하고 있었지만, 자기가 좋아하는 일은 누구나 좋아할 것이라고 착각하기 쉬운 법이다. 나는 환자를 진료하는 일을 아주 좋아하기 때문에 '누구나 다 좋아하는 일일 텐데, 나만 즐겁게 환자를 진료하는 일을 해버리니 미안한 셈' 하는 마음이 들었다. 하지만 나중에 겨우 깨달았다. 이렇게 환자를 진료하는 일은 좋아하지 않는 사람도 많다는 것을. 그렇다면 나는 내가 좋아하는 일을 거리낌 없이 하면 된다. 좋은 점은 또 있다. 자신이 기분 좋게 하고 있으면 그다음 일도 잘 풀린다. 악순환의 반대인 '선순환'이 생겨나서 하는 일마다 잘되어 간다. 그것은 아주 조금, 좋아하는 일에 노력했기 때문이다.

자원봉사의 성격

내 지인은 NPO에서 활동하고 있다. NPO에서는 활동비가 없는 경우가 많지만, 강연 등을 의뢰받으면 꼬박꼬박 수고비가 나온다. 또 책을 써서 인세도 벌고 있으며 지금은 그 수입으로 생계를 꾸리고 있다. 그래서 NPO 활동은 직업이기도 하다. 하지만 즐기고 있어서 힘들진 않다고 한다. 이러한 생활을 할 수 있게 된 데 감사한다고 한다. 그 지인은 자신이 좋아하는 일만 하며 먹고살고 있는 셈이다. 괴로운 얼굴을 하지 않으면 벌을 받을 것 같지만, 역시 그의 생활은 즐겁다. 수입 유무로 보면 수입이 안 되는 일이 많지만, 그는 수입을 따져서 활동하고 있지는 않다. '모두 이런 생활 방식이 가능하다면 좋을 텐데'라고 생각한다. 왜냐하면 괴로운 것처럼 보이는 사람이 이 세상에는 너무 많기 때문이다. 하지만 같은 일을 하더라도 고통으로 느끼는 사람도 있다. 그래서는 즐겁게 살 수가 없다. 역시 자신에게 맞는 일을 찾아내 즐기는 것이 중요하다.

회사에서 돌아온 아버지에게 집안일이나 동네일을 부탁하면 "이제 막 일하고 돌아왔잖아. 그런 일은 부탁하지 말아 줘"라는 말을 듣는 경우가 많을 것이다. 남을 위하는 일이라고는 하나 본인이 그렇게 생각한다면 역시 자발적인 일은 아닐 것이다.

한 지인이 사회 복지 공무원으로 일할 때 현장 업무를 나가면 힘에 부쳤다고 한다. 당시엔 필사적으로 일하느라 자신을 신경 쓸 여력이 없었지만, 다른 직장으로 옮기게 되었을 때 그는 마음속으로 안도했다.

그는 현장에서 다양한 형편의 사람들을 만났다. 깨끗하지 않거나 냄새가 나는 장소에 갈 때도 있었는데, 그곳에 오래 있고 싶지 않았다. 개중에는 어찌해도 힘겨운 사람도 있었다. 끈질기게 이야기를 해 대는 사람도 있었는데, 역시 거북했다. 하지만 그럴 때에 이렇게 생각하기로 했다고 한다. 이분은 내 아버지나 마찬가지야. 아버지라면 나는 어떻게 해 드릴까. 어떻게 관계를 맺을까.

가족이라고 생각하니 역시 어지간한 것은 포기하게 된다. "어쩔 수 없네. 가족이니까"라는 느낌이라고 할까. 그렇게 관계를 맺으면 대개는 개의치 않게 되었다. 그러한 식으로 문제 삼지 않게 되는 것도 자원봉사를 하면서 익히는 일인지도 모르겠다.

자원봉사가 말 그대로 '자발적으로 돕는 것'이라는 의미가 되면 충분하다고 생각한다. 자신이 좋아서 하니까 지치지 않으며 생활 그 자체가 자원봉사다. 특별한 것이 아니라 평소 생활에서 자원봉사를 하면 된다. 누구라도 자신이 좋아하는 것을 할 수 있는 시간을 만들어 즐겁게 지낼 것이다. 일상에서 친척이나 가까이 사는 아이와 노는 일도 있을 것이다. 그 아이가 우연히 장애가 있다면 아이와 노는 것을 자원봉사라고 할 것인가. '아동 보육 자원봉사'를 하고 있다고 말할까. 그렇게 말하지 않는다면 자원봉사라는 것은 보통 일이지 않을까. 특별한 일이라고 생각할 필요는 없다고 생각한다.

칭찬 받는 즐거움

"자원봉사, 재미있어요" "남을 돕는다는 게 기분 좋아요" "친구와 함께라면 즐거워요!" 처음은 이러한 기분으로 시작하는 것일지도 모른다. "칭찬받고 싶어" "착한 사람이 될 수 있겠어" 하는 느낌이 들지도 모른다. 왠지 헌신적으로 자원봉사를 하는 사람은 그것만으로 훌륭해 보이고 자기도 그렇게 될 수 있으면 좋겠다는 마음도 든다.

자원봉사를 시작하는 계기는 이러한 마음가짐이 될 수 있다. 하지만 좀 하다 보면 깨닫는다. 자원봉사자들 사이에 있으면, 완전히 부정하는 것은 아니지만, 자신만이 특별히 착한 사람이라고 생각되지 않는다. 오히려 즐겁게 일하고 있는 모습을 보고 '왜일까? 왜 이 사람들은 이렇게 힘든 일을 즐거운 듯 할 수 있는 것일까?'라고 생각하게 된다. 그렇게 되면 자원봉사를 전혀 한 적이 없는 사람에게는 '착한 일을 하는 사람'으로 보일지도 모르겠지만, 스스로는 특별하다고 생각할 수 없다.

이른바 '주위 사람에게 어떻게 보이고 싶은가'라는 기준이 통용되지 않는다. 착한 사람으로 봐 준다고 해도 실제로 더 착한 사람이 많이 있다는 것을 알기 때문에 자기가 그렇게 여겨지는 것이 괴롭기도 하다. '무엇이 다른 걸까?'라고 생각하기 시작하는 것이다.

자원봉사의 계기

자원봉사를 시작하는 또 하나의 계기가 있다. "내가 남에게 도움이 돼" "이런 나라도 남에게 도움이 된다니"라고 느끼고 싶다는 것이다. 나쁘지 않다. 특히 어릴 때는 방해로 여겨지는 일은 있어도 도움이 되는 경우는 적기 때문에 스스로 자신감을 지니기 힘들다.

시골에 사는 친구가 재미있는 아이 한 명을 소개해 주었다. 공부를 못하는 아이이고, 부모와 떨어져 할아버지와 함께 살고 있다고 했다. 할아버지는 소를 기르고 있었는데 아이가 그 일을 도우면서 자신이 소 기르는 솜씨가 정말 뛰어나다는 사실을 알게 되었다. 그래서 할아버지와 함께 생업에 뛰어들었고 미처 중학교도 졸업하기 전에 탁월한 소 사육사가 되었다. 그 아이는 자신감을 가질 수 있었을 것이다. 학교에서도 매우 생기 있고 눈에 띄는 존재가 되었다.

자원봉사를 하는 쪽이 도움을 받는 일은 자주 있다. 왜냐하면 여기 살아 있어도 될지 아닐지 고민하는 일은 흔하기 때문이다. 그런 자신에게도 남에게 도움을 줄 일이 있으면 기쁘다. 도와주려 했는데 오히려 도움을 받고 있다고 깨닫는 경우도 있다. 좋은 조건에서 사랑도 많이 받는다면 이런 생각을 하지 않겠지만, 보통은 누구나 자신이 있어도 될 곳을 찾고 있다. 남에게 "네가 있어 줘서 좋았어"라는 말을 듣고 싶다. 그런 말을 들으면 얼마나 구원받은 기분이 들까.

막 자원봉사를 시작한 사람이라면 칭찬받아 좋다거나 자원봉사가 자신이 거처라는 생각만으로도 괜찮지만, 계속하다 보면 그것만으로는 부족해진다. 왜냐하면 그러한 자원봉사는 동기가 '자기 사정'에만 있고 상대방을 생각하는 것이 아니기 때문이다 이는 꽤 위태롭기도 하다.

지인이 구청에서 생활보호 대상자를 담당하는 사회 복지 공무원으로 근무할 때의 일이다. 생활보호라는 것은 장애가 있거나 나이가 많아서 자신의 수입만으로 생계를 꾸릴 수 없게 된 사람들의 생활을 보장하는 일이다. 전체적으로 나이나 장애 때문에 생활비를 벌기 곤란한 사람이 많지만, 그중에는 극히 일부 정직하지 못한 사람도 있다. 일해서 수입이 있는데도 숨긴다거나 병 탓을 하며 사회에서 숨어 버리려고 한다. 하지만 대부분은 정말로 어려움에 처한 사람들이므로 오해하지 않았으면 한다.

하지만 누구라도 역시 현실에서 도망치고 싶을 때가 있다. 혼자 힘만으로 살아가기 힘들 때, 자신의 가치를 찾을 수 없는데 혼자 살고 있으면 무엇을 위해 애써 살지 않으면 안 되는지 목적을 잃어버린 것처럼 느껴지기 때문이다. 그런 사람에게 용기를 북돋우고 역풍에도 맞서 나아가도록 하는 것이 사회 복지 공무원의 가장 중요한 일이라고 생각한다.

그때 동료로 일하던 젊은 여자가 있었다고 한다. 나쁜 사람은 아니지만, 자존감이 부족했다. 일로 만난 사람에게 친절히 대해서 상대방이 자신을 필요한 사람이라 여기면 심리적 안정을 얻는 것처럼 보였다. 꽤나 비싸 보이는 옷을 입고 친절히 대했지만, "나는 유복하고 당신은 가난하니까 베푸는 거예요"라는 식으로 행동하고 싶었는지도 모르겠다. 그렇게 자존감의 구멍을 메우려는 것 같았다. 따라서 그녀의 친절함은 때로는 깊이가 얕았다. 진정으로 상대방과 맞서지 않으면 안 되는 경우에도 정면으로 부딪칠 수가 없는 것이다. 좋은 사람으로 남고 싶다는 마음 때문에 상대방에게 힘든 일을 요구할 수 없다.

사실 보살핌을 받아야 했던 것은 그녀 자신이었는지도 모른다. 그것은 자신을 위한 것이지 상대방을 위한 봉사 활동은 아니기 때문이다. 게다가 그녀는 구청 직원으로 일을 하고 있었기에 더욱 그러하다.

진정으로 필요한 것은 자신의 심리적인 안정이 아니다. 하나 보니 자신에게도 도움이 된다면 괜찮지만, 어디까지나 봉사 활동은 상대방을 위한 것이다. 상대방이 행복을 느끼고 희망을 지니며 인생을 헤쳐 나가게 되기를 바란다. 자원봉사자는 그러는 데 도움을 주는 이에 지나지 않는다.

자기가 목적이 아니다. 상대방이 안심할 수 있고 행복해지는 것이 목적이다. '달갑지 않은 친절, 쓸데없는 참견'이라는 말이 있다. 상대방을 위한 것이 되지 않으면 역시 좋은 일이 아니다. 매우 어려운 문제이지만, 상대방의 입장과 마음을 생각하지 않으면 안 된다.

이런 일도 있었다. 생활보호 대상자인 할아버지가 한 분 계셨다. 생활보호를 받고 있는 사람은 보통 주눅이 들어 있다. 그 할아버지도 그랬다. 나라의 보살핌을 받고 있다고 언제나 느끼고 있었다.

어느 날 할아버지는 모래밭에 떨어져 있는 유리병 조각을 발견했다. 누군가 화풀이로 깨뜨린 것인지 모른다. 하지만 그대로 두었다가는 아이들이 모래 놀이를 할 때 손을 베일 수도 있다. 이렇게 생각한 할아버지는 거름망을 사 와서 모래에 섞인 유리병 조각을 집어냈다. 거기서 자주 아이를 놀리던 엄마가 할아버지에게 고맙다는 인사를 했다. 스스로 '복지에 신세를 지고 있는 사람'이라고 여기며 열등감을 느끼던 할아버지였기에 감사의 말은 더 기쁘게 들렸을 것이다.

그때부터 할아버지는 모래밭을 항상 깨끗이 관리했다. 하는 김에 공원까지 깨끗이 청소했다.

하지만 시청에는 다양한 불만이 접수된다. "당신네들, 세금으로 일하고 있는 주제에 할아버지에게 청소시키지 마. 당신네들 게으름 피우라고 세금 내고 있는 것 아니라고" 하는 불만도 있었다. 그러자 시청은 사회복지 담당 공무원에게 연락을 취해 할아버지가 공원 청소를 하지 않도록 하라고 지시했다. 담당 공무원은 할아버지에게 말했다. "할아버지, 공원 청소는 하지 않으셔도 돼요. 청소하는 사람이 따로 있잖아요. 할아버지는 이제껏 애쓰셨으니까 편안하게 지내세요."

사람은 자기 역할이 없으면 살아갈 수 없는 법이다. 할아버지는 그 뒤 얼마 지나지 않아 세상을 떴다. 누군가에게 도움이 된다고 생각하거나 역할이 있는 덕분에 사람들은 살아간다. 할아버지 역시 공원을 청소해 줬다고 주위 사람들이 고마워하기를 바랐으리라고 생각한다. 담당 공무원이 자원봉사로 할아버지 대신 청소를 했다고 해도 같은 일이 벌어졌을 것이다. 어떻게 하면 좋을까.

자원봉사는 자신을 위한 것이 아니다. 상대방을 위해 하지 않으면 안 된다. 이때 어떻게 해야 했을까. 물론 답 같은 것은 없으며, 담당 공무원이 한 일도 탓할 수 없다. 하지만 나라면 싸웠을 것이다. 역할을 빼앗긴 할아버지의 마음은 괴롭지 않았을까. 어떻게든 수를 써서 할아버지를 시청에 정식으로 고용되도록 하든가, 아니면 인생의 보람으로 청소를 계속할 수 있도록 했어야 한다고 생각한다.

자원봉사는 상대방의 입장에 서는 것이라서 경우에 따라 싸우지 않으면 안 될 때도 있다. '착한 사람'으로만 있을 수 없다. 싸워야 하는 상황에 맞닥뜨렸을 때 어떻게 할 것인가 정하는 것도 자기 자신을 닦아 나가는 과정이다. '착한 사람'이라는 자기 평가를 중요시할 것인지, '착한 사람'이라는 평가를 버리고라도 상대방의 입장에 설 것인가. 나는 망설임 없이 상대방의 입장에 설 것이다. 그렇다 해도 상대방이 응석 부리게 해서는 안 된다. 잘 생각해서 자기 나름의 위치를 정해야 한다. 그것은 자원봉사의 의미를 심화시켜 나가는 중요한 기회이기도 하다.

맨 처음엔 자신을 위해서였다. 다음엔 상대방의 입장에 서게 되고 마침내는 자기 자신의 태도를 정하는 계기가 된다. 그렇게 자원봉사를 하면서 한층 깊이 생각하는 사람으로 성장한다.

하지만 맘에 안 드는 사례도 있다. 국제 협력 자원봉사라는 것은 왠지 모르게 멋지다. 가난한 나라로 가서 씩씩하게 의료 지원을 하거나 우물 파기를 돕거나 아이들을 가르친다. 가슴이 두근두근하지 않는가. 외국에서 활동하고 사람들이 감사하다고 하니까. 일하는 보람도 있지만, 이 경험은 '경력'으로 매우 가치 있기도 하다. 학교에서 평가가 높아지거나 취직에 유리해진다. 하지만 더 못마땅한 것은, 국제 협력 활동이 국제기관에서 근무하기 위한 '경력'으로 쓰이는 것이다.

NGO의 국제 협력이라는 것은 국제기관과 비교하면 그 활동 상황이 훨씬 엄혹하다. 국제기관이 하는 지원도 나쁘지는 않으나, 예산이 세금이라서 자기네 돈도 아니며, 매년 다 쓰지 않으면 다음 해 예산을 줄여 버리기에 어떻게 해서든 다 써 버리려고 한다. 그 지원이 필요한가 아닌가 하는 판단 이외의 요소가 개입한다.

하지만 NGO는 예산 확보에 어려움이 많아서 직접 지원자를 모집하거나 조성금을 모으지 않으면 안 된다. 게다가 현지인 자신이 노력하지 않으면 실질적인 자신감으로 이어지지 않으므로 되도록 현지인들 스스로의 힘으로 해결하도록 한다. NGO는 예산도 불안정하고 언제까지나 현지에 있을 수 없기 때문에 현지인들이 힘만으로 자립할 수 있도록 하지 않으면 NGO가 가 버린 뒤 아무것도 남지 않을 수도 있다. 따라서 NGO 지원 활동은 국제기관의 활동과 크게 다르다.

자원봉사의 폐해

그런데 NGO의 국제 협력 활동에 "국제기관에 취직할 때 유리해지니까"라는 이유로 참가하는 젊은이가 있다. 자기 목표를 향해 나아갈 작정이므로 "목적이 다르고 일하는 방식도 달라요"라고 말해도 좀처럼 알아먹지를 못한다. 그 사람에게 가난한 이들이란 자신의 '경력'을 높이기 위한 도구일 뿐이다. 현장에 가서 변하는 사람도 많지만, 변화를 가져오는 만남이 없다면 여전히 자기 사정으로밖에 상대방을 보지 못한다. 오직 자기 사정뿐이고 자원봉사를 하는 '체'하는 것이다. 그것은 시늉일 뿐, 상대방의 입장에 서는 것이 아니다.

　사람을 사람으로서 보지 못한다면 자원봉사자로 부적합하다. 상대방을 생각한다면 자기보다 그들의 사정이 우선되어야 한다고 생각한다. "이것을 실현하고 만다"며 기를 쓰고 해도 어찌할 도리가 없다. 현지인들 자신의 문제는 그들 자신이 직접 선택하도록 하지 않으면 안 된다.

　그런데 자기 경력을 위해 온 사람은 이쪽 사정을 현지인들에게 밀어붙인다. "왜 이 정도도 안 하는 거야?"하며 화를 내기도 한다. 이래서는 현지인들과 함께해 나갈 수 없다. 상대방은 지원이 필요할 정도로 처지가 힘든 사람들이다. 실패도 할 수 없고 시행착오를 겪을 정도의 여유마저 없다. 따라서 웬만큼 신뢰 관계를 쌓지 않으면 함께 일한다는 것은 불가능하다.

　상대방은 누군가의 경력 만들기에 이용되려고 존재하는 것이 아니다. 나는 원래 사람을 이용하려는 것 자체가 잘못이라고 생각한다. 자기 욕심을 위한 발판으로 삼기 위해 상대방이 있다고 생각한다면 자원봉사가 아니다. 단지 폐가 되는 이기적인 행동에 지나지 않을 것이다.

　최근 직장을 그만두고 다른 일을 시작하는 사람을 칭찬하는 분위기가 있다. 건실한 어른이 갑자기 회사를 그만두고 무언가에 몰두하거나 "자급하겠어"라며 갑자기 농사를 짓기 시작한다. 학교가 필요 없다며 그만두고 일도 안 하면서 자원봉사에 몰두하는 사람도 있다.

그러나 단지 그만두는 것만으로는 무엇 하나 생겨나지 않는다. 순서가 반대다. 또 하나의 새로운 길에 발을 들여놓고 애써 봐서 그 길이 자신에게 맞다고 생각하면 옮기면 된다. 그런데도 "벗어나는 것이 최고야"라고 말하는 사람이 늘어나고 있다. 우선 해야 할 것은, 새 길이 자신에게 맞는지 어떤지를 체험해 보는 것이다. 혹 맞다 하더라도 지금 있는 자리에서 거기로 가기까지의 길을 생각해 보아야만 한다. 먼저 배워야 할 것도 있으리라. 쌓아 두어야 할 지식도 있을 테고, 경제적인 축적 또한 필요할 것이다.

무엇인가 하나에 몰두하는 것은 좋지만, 그것이 허용되는 것은 경제적으로 여유가 있는 사람뿐이다. 스스로 벌어서 살아가야 하는 사람에게 그러한 여유는 없다. 경제적으로 윤택하지도 않은데 직장을 그만두어 버리면, 누군가에게 폐를 끼치며 살아가게 될 뿐이다. 누군가를 도울 작정이면서 다른 누군가에게 폐를 끼쳐서는 아무 소용이 없다. 회사나 학교를 '그만두는 것' 자체는 칭찬받을 일이 아니다. 칭찬받아야 할 것은 새로운 길을 위한 견실한 노력이다.

꽤 엄격한 이야기가 되어 버렸지만, 자기를 위해 일한다고 나쁜 것은 아니다. 경험이 쌓이면서 지금보다 더 상대방을 위하게 된다면 말이다. 시작이 하찮은 동기였어도 괜찮다. 좋은 방향으로 바뀌어 가면 된다. 1단계는 그래도 좋다. 2단계로 나아간다면 말이다.

"대놓고 '좋은 일' 한다는 게 부끄러워" "자원봉사라는 것은 위선적인 느낌이 들어"라고 여기는 것은 '자기 상태'가 노골적으로 드러나는 것처럼 느끼기 때문일지도 모른다. 자기의 본심을 알아차린다고 하면 사실 그다지 하고 싶은 마음이 들지 않을 것이다. 하지만 머릿속에 그리는 것만큼 자원봉사는 '좋은 일'이 아니다. 자원봉사를 하면 칭찬을 받으리라고 생각했을지 모르나 그 자리에 가면 결코 특별한 행동이 아니다. 체험해 본 사람과 아직 못 해 본 사람 간에는 큰 차이가 있다. 흥미가 있다면 먼저 체험해 보면 좋으리라고 생각한다.

자원봉사를 하지 않을 변명을 궁리하는 사람도 있을 터이다. "그런 잘난 일, 나 따위가 할 수 있겠어?" "내가 할 수 있는 일이 떠오르지 않아"라고 느껴서 하지 않는 사람도 있고, 하고 싶은 마음 자체가 없는 사람도 있을 것이다. 그런데도 강하게 권유를 받으면 이번에는 반발하여 자원봉사 그 자체를 부정하기도 한다. 하지만 무리하지 않아도 좋다. 애쓰지 않아도 좋다. 부정할 필요도 없다. 자원봉사를 하지 않기 때문에 '차가운 사람'인 것은 아니니까.

남에게 꼭 도움이 되고 싶다는 생각은 자연스럽다. 그때 자기에게 맞지 않는 것은 선택을 안 하면 된다. 아무래도 싫으면 싫다고 말하면 된다. 자원봉사는 그런 것이다. "제 즐거움이니까요"라는 느낌으로 하는 것이다.

'자발적으로 돕는 것'이라는 자원봉사의 원래 의미로 되돌아가자. 필자는 쓰거나 생각하거나 말하는 것을 좋아하니까 그렇게 한다. 또한 필자의 직업이 의사이기 때문에 그것을 십분 활용해 환자들을 돌본다. 어떤 사람은 자전거 정비를 좋아해서 수리라면 찾아가서라도 하고 싶어 한다. 사람들에게 수리하는 법을 가르쳐 주고 싶어서 근질근질하다. "다들 그럴 걸"이라고 말할지 모르나 예상 외로 그렇지도 않다. 즉 그 사람은 자전거 수리 자원봉사가 맞는 사람인 것이다.

물론 그 나름의 기술이 따라 주지 않으면 '난처한 친절'이 되어 버릴지도 모른다. 미국인 중에 의외로 '난처한 친절' 타입인 사람이 많다. "내게 맡겨"라고 말해 두고서는 전혀 할 줄 모른다거나 알지 못한다. 하지만 그것도 괜찮지 않을까. 거기서 능숙해지면 된다. 한국어를 가르치는 데 교원 자격이 필요하다고 한다면 대부분의 엄마들은 아이를 키울 수 없을 것이다. 보육사 자격 없이는 아이를 기를 수 없다고 한다면 부모는 더욱 곤란할 것이다. 때에 따라 자격도 필요하지만, 자격과 무관하게 자원봉사가 필요한 경우가 있기 때문이다. 따라서 자기가 좋아하는 것, 그것을 중요하게 생각하기를 바란다.

즐거움을 나누다

우리 사회에 자원봉사라는 말이 뿌리내리려면, 우선 생활이 즐겁지 않으면 안 된다. 그런데 우리나라에서는 '노력'과 '인내'가 미덕으로 여겨지는 탓일까. 다들 앞 다퉈 자신이 얼마나 싫은 일을 열심히 했는지 이야기하고 싶어 한다. 신입 사원은 "이렇게 야근을 해야만 하다니" "상사가 어떻게도 안 된대서 이렇게까지 일했어"라는 얘기를, 학생은 "학교가 얼마나 힘드냐면" "숙제가 얼마나 많은지, 못해 먹겠다" 같을 말을 주고받는다.

좀 다른 사례를 들면, 스노보드를 타는 데도 금세 급을 따고 싶어 한다. '단' '급' '검정'이 대인기다. 스노보드는 즐기면 된다. 그런데도 금방 급을 따고 싶어 한다. 자극이 되기 때문에 급을 따려고 한다면 괜찮지만, 왠지 노력하고 있다는 모양새를 갖추지 않으면 안정이 안 되기 때문에 그러는 것처럼 보인다. 그리고 말한다. "스노보드도 힘들어요" 일이 아니니 힘들면 그만둬도 될 것이다.

곤혹스럽게도 자기가 한 말에 자기가 속는다. 농민은 농사를 나쁘게 말하며 자식에게는 대를 잇게 하고 싶지 않다고 이야기한다. 회사원도 똑같다. 아마 대부분의 사람들이 자기가 하는 일은 고생이 많아서 즐겁지 않다는 생각에 빠져 있다. 하지만 즐겁지 않다면 계속할 수 없다. 자기 말에 속고 있다고 생각한다. 역시 무언가 즐거운 것이 있으니까 계속하고 있을 것이다. 솔직하게 '즐거워'라고 생각하면 되는데도 마치 고행같이 하지 않으면 제구실하는 사람이 아닌 듯 받아들이기에 사회가 재미없어지는 것이다. 그러한 사회에 지고만 있을 수 없다. 즐겁게 산다는 것은 매우 중요하다.

자원봉사를 할 때는 내가 즐거움을 나눠 줄 수 있을 정도가 아니면 남을 북돋우거나 같이 힘써 보자는 마음을 갖게 하지 못한다. 거의 웃지 않는 친구가 뜻밖에 "훗" 하고 웃을 때가 있다. 그럴 때 맘이 아주 기쁘다. 나는 그것이 자원봉사의 원점이 아닐까 생각한다. 남과 함께 있는데 남이 기뻐한다. 그래서 나도 기뻐진다. 그런 관계가 있는 삶이 좋다고 생각한다. 내가 활동하고 있는 곳에서는 그런 일이 많다. 늘 일어나고 있다. 물론 기쁠 때만 있는 것은 아니지만 그래도 신뢰하는 친구와 함께 일을 해 나가는 것은 즐겁다. 자, 이런 것이라면 할 수 있겠지. 그래서 자원봉사란 특별한 것이 아니다.

문제의 근본을 응시하자

한번은 이런 일이 있었다. 이라크 전쟁이 일어난 직후에 이런 의견이 미국 환경 보호 단체에서 나왔다. 티그리스·유프라테스 강 유역의 습지대는 철새에게 중요한 장소다. 그곳을 폭파해서는 안 된다.

그러면 어디를 공격하면 좋을까. 습지대를 넘어 사람이 사는 주택지를 폭격하면 괜찮다는 것일까. 거기 사는 사람은 철새보다도 가치 없는 존재인 것일까. 야생 생물 보호 단체로서는 자기 역할을 다할 작정일지 모른다. 그러나 사람이 폭격을 당해 죽는 것을 방치해 두면서 무슨 야생 생물 보호인가. 나는 이 이야기를 들었을 때 몹시 화가 났다. 이것이 '환경 보호 운동'이라 한다면 같이 얽히는 것도 사절이다. 나는 이런 운동에는 절대로 가담하지 않을 것이다. 사람을 소중히 여기지 않는 사람들이 제대로 된 활동을 할 리가 없다.

게다가 실제로 이라크에서 안전하게 대피하지 못한 사람들이 밖에 나갔다가 총을 맞는 상황이었다. 물론 상황을 이해할 수 있는 사람이라면 외출을 삼갈 것이다. 외출하지 않고 지낼 수 있는 한에는 안에 머무를 것이다. 그러면 그만한 능력이 없는 사람들은 어떻게 될 것인가. 사람이 총에 맞아 죽었다. 정신 장애로 지금 상황을 이해하지 못하고 밖에 나간 아이는 '그 자리에서 제지하는 것을 뿌리쳤기 때문에' 총에 맞아 죽었다. "총 맞아 죽은 게 철새가 아니어서 다행이야"라고 환경 보호 단체 사람들은 말할 것인가.

전쟁 그 자체에 반대하지 않아서 이렇게 되는 것이다. 극히 일부분만을 문제로 삼기에 우스운 결론이 되어 버린다. 야생 생물을 보호하는 자원봉사도 좋다. 그러나 전체가 있기에 부분이 있다. 전쟁이라는 대규모 살인이 자행되려는 때에 티그리스·유프라테스 강의 습지대 이야기를 해서 무엇하겠는가. 철새를 지키고 싶다면 철새를 지켜 온 사람들도 함께 지키지 않으면 의미가 없다. 죽임을 당하는 쪽 사람이라면 자기보다 새들을 소중히 여기는 것을 어떻게 생각할까. 상대방의 마음이 될 수 없다면 애써서 한 활동도 망쳐 버릴 것이다.

자원봉사의 전제 중 하나는 사람을 소중히 생각한다는 것이다. 사람을 죽여서는 안 된다는 것은 당연하다. 그런데도 사람의 존재는 무시당하고 잊힌다. 여러분이 해외여행 중에 갑자기 체포당해 어딘가에 감금되어 버렸다면 도대체 무엇을 원할 것인가? 틀림없이 무엇보다 누군가가 내가 감금되었다는 사실을 알고 구해 주기를 원할 것이다. 알려지지 않으면 존재를 잊힌 채 감금된 상태로 죽어 버릴지도 모르기 때문이다.

"내 주변 문제도 아닌데"라며 무시하지 않기를 바란다. 세계 각지에서 고통을 겪고 있는 사람들도 자기를 알아주기를 바라고 있을 것이다. 그러므로 자원봉사의 폭을 넓혀서 현실을 외면하지 말고 직면하기를 바란다. 용기가 필요한 일일지도 모르지만 말이다. 그래서 나는 전쟁 문제를 마주 바라보기로 했다.

태평양 전쟁 시기부터 현재에 이르기까지 '약물 피해 사건'을 줄곧 일으켜 온 제약 회사가 있다. 잘못된 약을 투여해서 사람을 병에 걸리게 한 것이다. 약물로 인한 에이즈, C형 간염 감염 등 문제 사건을 들라고 하면 끝이 없을 정도다.

제약 회사의 설립자는 중국에서 인체 실험을 하고 사람을 잔혹하게 죽인 731부대의 중심인물 중 한 사람이었다. 그런데 개인적으로는 신앙심이 깊기로 유명했다. 전쟁이 '악한 마음' 때문에 일어난다면 마음을 바꾸면 해결될 것이다. 그러나 현실의 전쟁은 '착한 사람들'에 의해 진행된다. 따라서 나는 전쟁을 마음의 문제로 정리할 생각이 들지 않는다. 그러면 도대체 왜 전쟁이 일어나는 것일까?

이 문제에 대해 필자는 구조 탓이라고 생각한다. 평범한 한국인도 전쟁 중에는 잔인한 살인을 많이 저질렀다. 물론 한국인만이 아니다. 다른 나라에서도 사람들이 잔혹한 살인귀가 된 시대가 있었다. 그것은 그 시대의 사회가 살인귀를 장려하는 구조를 만들어냈기 때문이라고 생각한다. 일본에서는 전쟁 중에 전쟁을 반대하는 사람을

'비국민'이라 부르며 비난하고 따돌렸다. 도서관에서 정부의 뜻에 따르지 않는 책을 비렸다는 이유만으로 감옥에 가두거나 고문하기도 했다. 그래서 사회의 흐름과 구조를 알지 않으면 안 된다. 그러한 시대에도 고문에도 굴하지 않고 강한 의지를 드러낸 사람들이 있었다는 것은 말할 나위 없다. 하지만 강한 의지를 추구하기보다는 그러한 시대를 만들지 않으려고 노력하는 것이 더 중요하다. 개인의 문제로 만들기 전에 살인귀를 대량 생산한 사회 구조를 깨달아야만 한다.

그렇다면 한번 생각해 보자. 사람들이 살인귀를 만들어내는 구조를 받아들이는 것은 무엇 때문일까? 오늘날이라면 틀림없이 돈벌이 때문일 것이다. 특히 기업은 '이익을 최대로 할 것'을 목적으로 하고 있어서 때때로 생각지도 못할 심한 일을 한다. 공해병과 약물 피해 사건으로 많은 사람을 괴롭히거나 미래에 사람들이 살아갈 수 없을 지경까지 환경을 파괴한다. 전쟁도 마찬가지다. 전쟁으로 돈을 버는 사람이 있는 까닭에 일어나는 것이다.

그러면 오늘날 전쟁에서 무엇이 '돈벌이'로 이어지는 것일까? 나는 석유와 천연가스 같은 에너지, 리튬과 백금 등의 광물 자원과 물의 쟁탈이 전쟁의 배경에 있으며, 전쟁으로 직접 돈을 버는 군수 기업이 전쟁을 부추기고 있다고 생각한다. 돈벌이가 되는 자원을 두고 싸우는 기업, 전쟁이 일어나면 돈을 버는 군수 기업 탓에 세계에서 전쟁이 이어지고 있다. 그렇다면 전쟁을 막는 법은 간단하다. 자원을 빼앗아도 돈을 벌 수 없는 사회로 만드는 것이다. 어떻게 하면 그러한 사회를 실현할 수 있을까?

그렇게 하자면 '에너지 절약'을 실천하고 '자연 에너지'를 늘려야 한다. 에너지 절약만 잘해도 똑같은 생활을 통해 사용하는 에너지의 양을 절반으로 줄일 수 있다. 그렇게 해서 사용되는 에너지가 반으로 줄어들면 태양광 발전과 풍차, 수차 등의 자연 에너지로도 공급할 수 있다. 그렇게 하면 일부러 다른 나라까지 가서 석유를 빼앗아 올 필요가 없어진다. 전 세계에서 석유를 통해 돈을 벌 수 없는 사회가 되면 누구도 전쟁까지 해서 빼앗으려 하지 않을 것이다.

현재 자연 에너지를 추구하는 환경 단체는 세계 곳곳에 많이 존재한다. 자연 에너지를 추구하는 사람들이 그리는 미래는 한결같다. 지역이 중심이 되어 살아갈 수 있는 미래상이다. 그와 동시에 자연 에너지는 지구 온난화도 막는다. 목숨 걸고 에너지를 만들지 않아도 해결이 가능하니까 원자력 발전도 불필요해진다. 따라서 자연 에너지를 추진해 가는 것은 환경 활동이자 반전 활동이며 탈원전 활동이기도 하다. 게다가 돈벌이를 하지 않아도 생활할 수 있는 하나의 방식이 된다.

문제가 확장되면서 한 가지 해결책이 많은 문제의 해결책이 된다. 그렇게 생각하면 폭을 넓힐 수 있다. 예를 들면, 알루미늄 캔을 재활용하면 새로운 제품을 만드는 것과 비교해 97%나 되는 전기를 절약할 수 있다. 나아가 전기 생산을 위해 댐을 세우느라 열대림을 수몰하는 것과 댐을 건설하면서 알루미늄 캔의 10배가 되는 쓰레기를 내

놓는 것을 막을 수 있다. 요컨대 쓰레기 문제 해결이 열대림 보호 활동과 연계되어 나간다.

자원봉사의 폭을 넓혀 가면 다른 문제와 이어져 몇 가지 문제들을 동시에 해결할 수 있게 되는 것이다.

국제 문제에는 국제 조세라는 해결책이 있다. 돈만 벌 수 있다면 무엇을 해도 좋다는 사회는 무법자들의 세계가 되어 버린다. 국내 문제라면 국가가 대응하면 해결할 수 있지만, 가난한 나라와 잘사는 나라의 격차는 한 국가 안에서만 해결할 수 없다. 그래서 추진되고 있는 것이 국제 조세라 불리는 국제 연대세다.

나아가 국제 조세의 하나인 금융 거래세도 제안되고 있다. 국경선을 넘는 투자가 세계 금융을 불안정하게 하기 때문에 소액의 세금을 부과해 억제하고 그 자금으로 개도국을 지원해 가려는 것이다. 그 외에도 다음과 같은 것이 있다.

세금 회피를 목적으로 경제적 어려움을 핑계 삼아 공장을 이전하거나 '세금 천국(세금이 거의 부과되지 않는 나라)'에 명의뿐인 페이퍼 컴퍼니를 세우는 다국적 기업이 있다. 이런 기업에 세계적으로 매기고자 하는 세금이 다국적 기업 과세다.

지구 탄소세라는 것도 있다. 지구 온난화 방지 조약 '교토 의정서'가 국가끼리의 조약이기 때문에 국가 간을 오가는 비행기나 배의 연료에서 배출되는 이산화탄소는 과세 대상이 되지 않는다. 이 교통 수단에 세금조차 매기지 못하고 있기 때문에 이산화탄소의 세계 배출량이 증가하고 있다. 이에 대해 지구 차원에서 과세하자는 것이다.

한편, 오늘날 시장에서는 신제품을 만드는 데 쓰이는 자원이 재활용 자원보다도 가격이 낮다. 그 때문에 재활용품이 쓰이지 않고 가난한 나라의 천연자원이 낭비되고 있다. 천연자원세는 신제품 자원에 세금을 부과해 상대적으로 재활용품을 싸게 해서 천연자원 보전을 추진하자는 것이다.

세계 각지에서 일어나는 분쟁의 불씨를 없애자는 취지에서, 국제적인 무기 거래에 매기는 세금인 무기 거래세도 있다.

이런 활동을 지원하는 것도 다양한 문제를 해결하는 데로 이어진다.

필자는 문제를 생각할 때 항상 구조의 문제라고 생각하고 해결하려고 한다. '마음'과 '마음가짐'이라는 개인적이고 애매한 것으로 해결하고 싶지 않다. 자원봉사를 하는 것이 사람들에게 이득이 되게 하고 싶다. 예를 들어, 보증금 제도가 도입되면 빈 캔은 줍는 것이 이득이다. 그래서 누구나 버리지 않게 된다. 그 구조 만들기가 중요하다고 생각한다.

만약 그렇게 생각하면 자원봉사의 범위는 더욱 넓어진다. 현실에서 아무개가 아무개를 지지하는 봉사활동을 하는 것도 좋으나, 구조를 만들어 누구나 자원봉사를 하고 싶도록 하면 어떨까. 핀란드 사람들이 티 내지 않는 선의에 넘쳐 있듯이, 아주 자연스레 돕고 싶어지는 사회가 바람직하다고 생각한다. 핀란드에서는 그것을 내세워 '자원봉사'라고 하지 않는다. 서로 돕는 것이 당연한 사회가 되려면 구조를 쌓아 나가는 것이 중요하지 않을까.

무리하지 않는 지혜

우리가 학생이었던 때를 떠올려 보자. 학생 때라면 자원봉사를 하는 것도 어렵지 않다. 하지만 중요한 것은 사회인이 된 다음이다. 회사에서 근무하기 시작한 후의 시간이 인생에서 훨씬 길다. 사회인이 된 이후에도 자원봉사를 계속하는 것은 꽤나 어렵다. 회사 일만으로도 몹시 지쳐 버리는 데다가 회사는 사람을 회사 생각대로 다루려는 일이 많기 때문이다.

예컨대 어떤 학생에게 이런 설문 조사를 했다고 생각해 보자. "당신은 회사 이익과 미래 세대가 살 지구의 환경 문제 중 어느 쪽이 중요하다고 생각합니까?" 많은 학생이 물론 "미래의 아이들이 살아갈 수 없게 되는 환경은 정말 곤란해요. 환경 문제가 회사 이익보다 훨씬 중요하기 때문입니다."라고 답할 것이다. 하지만 회사에 근무하게 된 뒤 설문 조사를 하면 어떻게 될까. 게다가 환경 파괴에 가담해 버린 듯한 회사에 근무한다고 하면?

부정적인 대답이 나올 것은 뻔한 일이다. "일반적으로는 환경 문제가 중요하다는 주장은 옳지만, 사람들이 지금처럼 살아가기 위해서는 '필요악'이라는 부분도 있습니다."라든가 "일자리를 잃는 사람들이 많이 생기기 때문에 어렵습니다."라고 답할지 모른다. 이것은 아마도 회사에 소속되자마자 회사의 의지에 자기를 빼앗긴 결과이기 때문일 것이다.

그때나 나중이나 우리는 똑같은 사람이다. 학생 때 말할 수 있었던 것은 사회인이 되어서도 말할 수 있어야 하는 법이다. 회사가 있어서 자기가 있는 것이 아니라 자기 인생이 있기에 회사가 있는 것이니까. 자기를 계속 지켜 나가기 위해서는 회사 이외의 사회와 접점을 지니지 않으면 힘들다. 회사 안은 그 회사만의 논리로 굳어져 있다. 따라서 어떤 동료와 이야기를 나눈다 해도 회사의 논리를 벗어날 수 없다. 그보다 외부의 바람을 불어 넣자. 자원봉사라면 그것을 가능하게 해 준다. 제다가 여러분의 참여를 바라고 있다. 자원봉사에 참여하는 것은 여러분을 회사원 이전의 개인으로 되돌려 줄 것이다.

누구에게나 각기 그 사람 나름의 저항력이 있어서 무리하게 버티면 스스로가 망가져 버린다. 따라서 모두가 자원봉사에 활발하게 참여하려고 노력할 필요까지는 없다. 사람마다의 면역력에는 차이가 있기 때문이다. 예를 들면, 자원봉사가 회사의 이익과 대립할지도 모른다. 대립하는 것은 매우 지치는 일이며 누구나 견뎌낼 수 있는 일이 아니다. 우선 자기가 낼 수 있는 여유만큼 자원봉사를 하자. 구체적으로 움직일 수 없어도 자신의 의지를 계속 지켜 나가자. 예를 들면 그것은 축구 경기를 하는 것과도 같다. 축구처럼 팀플레이를 떠올려 보자. 전원이 공을 노리고 달리면 경기가 되지 않는다. 각기 자기 역할을 하기 때문에 경기가 성립한다. 벤치에 앉아 있는 감독도, 코치도, 후보 선수도 하나같이 자기 역할을 하고 있다. 응원단을 포함해 어느 하나 없어서는 안 된다.

여기서의 역할이란, 그중 어느 부분을 지지하는 것이 자기에게 맞는가의 차이에 지나지 않는다. 전면에 나서지 않아도 좋으니까 경기에서 전체 팀의 일익을 담당해 주면 된다고 생각한다. 무엇보다 자기 능력을 넘어서는 무리를 하지 않는 것이 좋다. 무리하면 오래 계속할 수 없게 되니까.

자원봉사라는 말의 의미는 '자기가 적극적으로 살아가기 위해 필요한 첫걸음'이라는 것으로 이해해야 한다. 그렇게 되면 또 하나의 좋은 일이 있다. 지치거나 후회할 일이 적어지기 때문이다. 일반 사람들이 피로를 느끼는 것은 누군가가 시킨 일을 할 때이다. 반대로 자기 의지대로 일하면 지치지 않는다. 자기 의지로 하는 일은 아이들의 놀이 같은 것이다. 동시에 후회하지 않아도 될 일이 많아진다. 따지고 보면 후회하는 것도 대개 자기 의지가 아닌 일을 했을 때다. 누군가의 조언을 좇아 한 일이 예상과 달리 틀어지면 정말 후회한다. 하지만 자기가 생각해서 선택한 일이라면 체념할 수 있다. 어떠한 결과여도 스스로 받아들일 수밖에 없기 때문이다.

자기 스스로 적극적으로 살 수 있으면 다른 사람에 의해 떠밀려 살아가는 상태보다는 훨씬 즐거워진다. 자기 스스로 선택한 일이므로 마음 깊숙이 여러 가지를 이해할 수 있다. 달려 본 적 없는 평론가와 실제 운동선수 정도의 차이쯤 될 것이다. '자원봉사'라는 말은 자발적으로 행동하는 것을 가리킨다. 나는 삶의 모든 순간마다 자원봉사 정신을 지니라고 권하고 싶다.

누구나 자기 나름의 '결과물'을 내기를 바란다. 그럴 수 있는 방법을 찾아내는 사람은 행복해질 수 있다. 그런데 결과물을 낸다는 것은 얼핏 보면 자원봉사로 보이지 않을지도 모른다. 하지만 그것만으로도 괜찮다. 음악을 좋아하는 사람은 음악으로 표현하면 된다. 만화든 비디오든 그림이든 블로그든 무엇으로 표현해도 좋다. 자기에게 맞는 결과물을 찾아내는 것이 중요하다. 거기서 자기를 표현하기를 바란다. 만약 주장하고 싶은 것이 있다면 동시에 그 주장에 맞는 표현 방식이 있을 것이기 때문이다.

그렇다면 이번에는 결과물을 내지 않았을 때를 생각해 보자. 지금 별을 쳐다보고 "저기 있네!"라고 말하는 것은 별이 눈앞에 보이기 때문이다. 그런데 실제로는 그 별빛은 몇 만 광년도 더 전의 빛이므로 '지금'이라는 시점에는 존재하지 않을지도 모르는데, 우리는 별이 '있다'고 판단한다. 이와 마찬가지다. 우리 존재는 결과물을 내서 밖에서 '보인' 부분으로 판단된다. 그러므로 결과물을 내지 않았다면 그 사람의 존재는 보이지 않게 된다. 우리 존재는 결과물로 판단된다. 그렇다면 스스로 결과물로 내놓을 내용을 적극적으로 통제해야 하지 않을까. 그것이 우리가 존재한 증거이고, 결과물로 내놓은 것 말고는 다른 사람에게 보이지 않으니까.

그렇다. 우리 모두는 이제 1등이 되려는 욕심은 그만 버려야 한다. 분명히 어떤 운동선수는 올림픽에서 세계 제일이 될 것이다. 단지 1등은 그것 자체로 좋은 일이다. 하지만 금메달은 전 지구인 60억 명 중에 1위라서 나머지 수많은 사람들은 받을 수가 없다.

올림픽에서 1등을 하려는 것보다 60억 가지 게임을 만드는 편이 더 즐겁다고 생각한다. 자기가 즐기고 있는 일은 틀림없이 자기에게 만 주어진 즐거움이다. 내가 환자 진료 차트 자료를 보며 남모르게 기쁨을 느낀다고 하면 누구도 이해하지 못할 것이다. 환자 진료는 나만의 즐거움이다. 그래서 내가 1등이 될 수 있다. 이와 마찬가지 일이 틀림없이 누구에게나 있다. 더욱이 별난 취미를 가졌다면 같은 취미를 지닌 사람을 만났을 때 경쟁하기보다 먼저 친해지는 법이다. 그것이 1등이 되는 일보다 즐거울 것이라고 생각지 않는가.

자원봉사란 자기를 다시 돌아보고 닦아 가는 것인지 모른다. 왜 냐하면 자기 모습은 거울에 비춰 보지 않으면 보이지 않기 때문이다. 자, 너무 깊이 생각하지 말고 자기 나름의 자원봉사를 해 보자.

18

나에게
자원봉사란

당신은 사랑하고 있나요?

　오늘은 내가 아끼며 보살폈던 환자 한 분이 홀연히 새로운 세상으로 몸을 바꾸어 떠나갔다. 암 선고를 받고도 죽도록 열심히 일만 했던 그녀는 휠체어에 몸을 싣고 후진들을 위해 강의를 하러 다녔다. 두 달 전까지만 해도 공공기관의 장으로 물망에 오르기도 했던 K대학의 여교수를 사람들은 이해할 수가 없다며, 안타까운 마음에 비난 아닌 비난까지 하는 것을 보았다.

　퇴원과 요양병원 전원을 위해 상의를 하자던 그녀의 남편도 뵐 겸, 며칠 전 서울 S대학병원 중환자실에 입원해있던 그녀를 찾았다. 이미 그녀는 반 정도 의식이 없는 상태였다. 혈압은 떨어지고, 뭔가 불편한 듯 연신 얼굴을 찌푸리기만 하던 그녀를 보면서 나는 살포시 가슴에 손을 얹은 채 쾌유를 위해 기도했다. 그런데 찌푸렸던 얼굴이 평온해지면서 그녀가 내 손 위에 자기 두 손을 포개었다.

　나는 깜짝 놀랐다. 그녀는 조용히 내 기도를 듣고 있었던 것이다.

나는 떠나기 전 "원도 한도 없을 만큼 열심히 연구하고, 예술 작업, 후배 교육 하셨으니까 이젠 좀 쉬세요. 누가 뭐래도 전 교수님을 이해할 수가 있어요." 라고 하면서 이것이 마지막 인사구나 하고 중환자실을 나섰다. 기차 시간에 쫓기면서 가만히 나 자신을 돌아보았다.

나는 언젠가 죽음이 나를 부를 때, 후회하지 않고 죽을 수 있을까? 어떻게 하면 잘 죽을 수 있을까? 요즘 세계적인 대화록인 페이스북을 열면 그 속의 작은 네모 상자는 내게 이렇게 묻는다. '당신은 지금 무슨 생각을 하십니까?' 어린 시절부터 화두처럼 묻고 또 물었지만, 여전히 오늘 아침 내게 또 묻고 있다. 나는 잘 살아가고 있는가? 어떻게 하면 후회 없는 삶을 살 수 있을까? 숨 막히는 이 더위도 시간이 흐르면 지나갈 것이다. 빨간 사과가 익어갈 때쯤이면 그녀의 영정 앞에 놓인 철 이른 국화 한 송이가 아닌, 빈 들판을 온통 뒤덮는 국화가 피는, 진짜 가을이 오겠지, 우리의 인생의 가을은 또 어떻게 맞이해야 할까?

어떻게 사는 게 잘 사는 것인가?

얼마 전 나는 하버드대 의대 교수인 제롬 그루프먼이 지은《닥터스씽킹(How doctors think)》이라는 책을 접하게 되었다. 의료계에 들어선 지도 강산이 여러 번 바뀌었지만, 여전히 나의 화두는 환자에 대한 '최선의 진료' 다. 환자들은 의사가 자신을 얼마나 애정을 가지고 보는지에 대해 놀라울 정도로 민감해진다. 의사의 치료 중 가장 중요한 것은 환자와의 소통이라는 주장을 보면, 환자에게 주는 아낌없는 사랑이 결국 환자를 치유할 수 있는 비법중 하나가 되는 셈이다. 나는 매일 환자를 볼 때마다 한 사람 한 사람 기도하는 마음으로 진료한다.

지금 내 앞에는 83세의 할머니가 앉아 계신다. 일주일 전만 해도 허리가 기역 자로 구부러져 웃음을 잃고 계셨지만, 지금은 미소를 띠면서 얘기하고 있다. 자신도 "20대에는 보기 드물게 훤칠한 키에 허리 28인치의 미녀였다." 라고 하면서. 그럴 것이라고, 나는 고개를 끄덕였다. 당시에는 보기 드문 170cm 정도의 큰 키였기에 허리가 저렇게 구부러졌을 것이리라. 통장에는 단돈 '1만원'도 없지만 키우는 손자가 전 재산이라며, 아이의 머리를 쓰다듬던 인정 많은 할머니였다. 이 할머니에게 아낌없이 주는 나의 사랑은 과연 어떤 방법이어야 할까?

한편, 2개월의 시한부 인생을 살던 80세의 Y할아버지. 위암이 복강 내로 전이되어 항암치료마저 포기하며 치료받던 그 할아버지. 5년만 살게 해준다면 뭐든지 다 하겠다던 할아버지는 기적처럼 19년째 살고 있다. 자신의 생일은 병 때문에 생략을 한 지가 19년째지만, 매년 내 생일 때마다 난초향이 그윽한 화분을 보내 주신다.

그런가 하면 오래 살려면 주치의가 필요하다며 직접 여러 병원을 둘러보고 찾아오신 96세의 귀여운 K할머니. 11년 전 개업 직후 바로 찾아오셨던 그 할머니는 오랜 대기시간을 기다리지 못 하신다는 게 흠이었다. 하지만 지금은 너무 늙어서 경제적 활동을 할 수 없다며, 성경에 쓰인 것처럼 120세까지 살려면 돈을 아껴야 한다고 말씀하신다. 그런 이유로 치료비를 무조건 50% 할인해 달라고 떼를 쓰기도 하신다.

우리의 상식을 넘어 죽음을 이기고, 주어진 삶을 잘 살아가는 사람들이 있다. 나는 치료할 때마다 이들의 마음을 안아주듯 쓰다듬고 보듬어준다. 주사를 놓을 때도, 약을 쓸 때도 이들의 마음에 주치의의 아낌없는 사랑을 전달한다. 그리고 나을 수 있다는 확신을 심어주고, 최선을 다하고, 함께 기도하면서 치료한다. 누가 어떻게 사는 것이 가장 잘 사는 것이냐고 내게 묻는다면, 나는 감히 이렇게 대답을 할 것이다. "많이 사랑하고, 많이 베풀면서, 최선을 다해 자신의 일을 하는 것입니다." 그래서 나는 오늘도 최선을 다해 환자를 치료하고, 그들을 낫게 할 수 있는 방법을 연구한다.

당신은 지금 사랑하고 있나요?

20여 년 전 뉴욕의 한 소아병원에 근무하던 때가 생각난다. 병원 앞에 붙어 있는 슬로건은 '안아주세요!(Hug me!)'였다. 지금 사랑에 굶주린 이웃들에게는 따스한 포옹을 전할 필요가 있다. 우리는 누구나 언젠가는 이름 모를 무덤처럼 죽음을 마주해야 하는 숙명 속에 존재한다. 그저 살아 있다는 기쁨만으로 가난하고 외로운 이웃들을 아낌없는 사람으로 안아줄 수 있다면 이것이 바로 면역력 증대의 비법일 것이다. 또한 120세까지 잘 살 수 있는 상생의 묘약이기도 하다. 그래서 나는 《시인시대》라는, 사람을 사랑하는 계간지도 발간하고 있다.

무엇보다 마지막까지 후진들을 위해 작은 장학회까지 발족시키며, 아름다운 생을 마감하고 나 자신도 후회하지 않을, 단 한 번뿐인 삶을 위해 더 많이 사랑하고, 사랑하는 사람들에게 좀 더 많이 베풀어야겠다는 다짐도 해 본다. 그리고 이 글을 읽는 그대들에게도 남은 삶을 위한 화두를 던져 본다.

"당신은 지금 사랑하고 있나요?"